生活に活かす 共済と保険

共通する機能と異なる制度を理解する

米山 高生 著

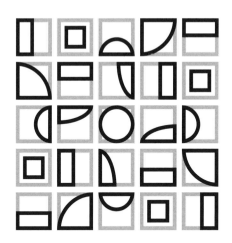

保険毎日新聞社

はしがき

　太宰治の作品を韓国語に翻訳しているチョン・スユンが、日本の和歌を紹介し、そこに文章を添えて一冊の美しい本を上梓している。幸いにも和訳されているので身近に読むことができる（『言葉の森、日本の恋の歌』（亜紀書房、2021年））。日本の古典文学に素養のない私は、この本から数々の和歌を知り、また彼女の新鮮な解釈を楽しむことができた。私の単著として通算4冊目のこの本を書く期間に、コロナ感染症に加えてウクライナ戦争が始まった。オリンピックは夏季も冬季もほぼ無観客だった。暗い影が私の生活や思考に鬱屈した思いを募らせている中で、この本で紹介されていた次の歌に光を見出す思いをした。

　　冬ながら　空より花の散りくるは
　　　　雲のあなたは　春にやあるらむ　　　　　　『古今和歌集』より清原深養父

　降り積もる雪に春を見る古人の思いと現代人の心持ちがオーバーラップする。月並みな表現であるが、「春の来ない冬はない」。

　季節と季節のつながりは、人と人のつながりに通じる。自然の摂理が、人の生活や考え方に影響を与えないはずはない。人智を超えたところに、人がつながらねばならない根拠があるのだという人もいる。

　個々の財産の将来の変動を市場メカニズムで対応する保険という方法は、近代合理主義の賜物であるとともに、近代的な人間のつながりを生み出すものだ。このつながりを、本書では「たすけあいⅠ」を呼ぶ。伝統社会の相互扶助のつながりは、近代的なつながりとは異なる「何か」がある。本書では、この「何か」を理念という言葉で簡単に片付けることなく、「内部補助」という機能を通して理解しようとした。またこの機能にもとづくつながりを「たすけあいⅡ」と名付けた。

　近代合理主義的「たすけあいⅠ」は、「なさけは人のためならず」というこ

と。すなわち、他人になさけをかけるのは、将来めぐりめぐって自分のためになるからなのだ。これに対して、「たすけあいⅡ」は、個々の組合員にとって個別のリスクとリターンが一致していないかもしれないが、それにこだわらないということ。前者は利己主義、後者は利他主義と分けて考えたいところだが、伊藤亜紗編『「利他」とは何か』（集英社新書、2022年）によれば、利己主義と利他主義は、二項対立的な概念ではないという。

　本書でも、共済と保険を二項対立的な概念で説明することを避けた。共済も保険も消費者の財産の変動を安定化するパーソナル・リスク・マネジメントの一つの手法である。保険が原色のようにはっきりとしてわかりやすいものであるのに対して、共済は中間色であり、その幅が広い。まるで草木染めのように共済団体ごとに微妙な色合いの違いがみられる。

　共済はそのようなものとして、生活の中で生まれ、生活とともに育っていくというのが、ある種の理想ではなかろうか。グローバルな世界において、合理的で原色のように明快な保険が必要であることは間違いない。だが、それとともに市場機能が掬い取れない部分に、「たすけあいⅡ」という、古くからある「枯れた技術」を現代に活かすような経済が、本当の意味で多様かつレジリエントな社会だと思う。

　共済や保険で働く人々や保険・共済を学ぶ若い方が、上記の和歌のように、「雲のあなたは　春にやあるらむ」と信じ、社会がよりレジリエントで安心できるような存在となるために尽くしていただくキッカケとなるとすれば、著者としては望外の喜びとするものである。

2022年7月中旬
国分寺の研究室にて

米山　高生

【著者紹介】

米山高生（よねやま・たかう）

1953 年生。

一橋大学大学院経済学研究科単位取得退学。

京都産業大学経営学部を経て 2000 年 4 月に一橋大学大学院商学研究科教授。

2017 年に一橋大学定年退職（一橋大学名誉教授）後、東京経済大学経営学部教授に着任。現在、東京経済大学図書館長。

総務省情報通信審議会委員、金融庁金融行政モニター委員（参与）ほか。

全国大学生協共済生活協同組合連合会会長理事。

アジア太平洋リスク保険学会（Asia Pacific Risk and Insurance Association）会長、生活経済学会会長、日本保険・年金リスク学会会長を歴任。

郵便局の働き方改革に関する政策に貢献したとして「前島密賞」（2022 年度）受賞。

目 次

第3章　歴史から学ぶ共済の特質

第4章　くらしの中の共済

序　章　課題探索のための三つの道筋と三つの目的

　本書の課題は、共済とは何かということを明らかにすることだ。なぜこのような課題を選んだかといえば、共済が生活において重要なものとなっているにもかかわらず、保険とは違って、理解が深まっていないと思うからである。そのために、共済に対して、また保険に対しても様々な誤解が生まれているようだ。共済の「正体」を明らかにできれば、共済の特徴が明らかになって生活における保険と共済の補完性が理解されるはずである。

　この課題を探求するにあたって、この本では次の三つの道筋に従うことにした。第一に、共済を保険との比較において考えること。後述するように、共済と保険は商品的にも制度的にも二項対立的な用語であるとはいえない。戦前においては保険の法的根拠は明らかだったが、共済にはそのような根拠はなく普通名詞として使われていた。また両者の仕組みからみれば、リスク分散という点で共通したものがある。本書では、共済と保険が二項対立的な概念であるとは考えず、両者には一定の共通性を持った上で相違するものと考えている。ともあれ、後述するように共済は、ある意味で日本独自に発展した制度であるという面があるため、保険との関係は、わが国の保険産業を歴史的に理解する上でも重要である。さらに、大規模な共済団体が存在する日本の共済「産業組織」を正確に理解することは、保険と共済が生活に密着する時代となっている現代社会において大事なことだと思う☆1。

　第二に、本書では共済商品を理論的に考えることにした。いいかえれば、共済商品の機能に着目するので、機能論的アプローチを採用したといってよい。保険には公正保険料という価格理論や期待効用仮説による保険の需要理論があるが、共済にはそのような理論づけが行われていない。第2章では、既存の保険理論を下敷きにして、共済の価格理論や需要理論を考察する。生活者の視点

☆
1　本書の対象である「共済」は、共済と呼ばれているものすべてではなく、協同組合の事業として提供される共済である。主に協同組合保険というべき「共済」のことを考えている。これに対して「保険」は、保険業法によって監督される保険事業を意味する。

からは、保険や共済の理論を考えることなど必要ないように思われるが、実はとても大切なことだ。たとえば、賢い消費者ならば、八百屋さんの店先で季節の野菜が高いか安いかについて直感的に判断できるが、共済や保険が高いか安いかを判断することは難しい。目に見えない商品を購入する場合には、商品の構造や仕組みの背後にある理論を理解することが大切なのだ。理論が苦手だという人こそ第2章にチャレンジしていただきたい。この章をクリアすれば、保険をはじめとした金融商品に対する賢い消費者への第一歩を踏み出していただけるものと確信している。

　第三に、本書では歴史的なアプローチを行う。第3章では、戦後誕生した協同組合保険としての共済の揺籃期に生じた保険業との軋轢が解消されはじめ、共済が生活の中で認知されるようになった時代に焦点をあてた。この時代の保険研究者による論文から共済と保険に関する所説を整理して学説史的整理を試みた。これにより、独自に発展した日本の共済事業について理解が深まることを期待する。

　以上の三つの課題探求への道筋を通して得られた考察により、次の三つの目的が果たせるものと期待している。第一に、私たちの生活に浸透している数々の「共済」を活用する際の基本的な知識を提供するという目的である。共済と保険の相違性と共通性を正しく理解することにより、それぞれの特性を理解した上で、有効に活用されるようになれば、本書を出版する意義があると思う。

　第二に、共済と保険との相違を理解することにより、共済にたずさわる方々に、商品および運営面にわたってその特徴を深く認識し、新しい時代の共済の歩むべき道を考えるために必要な知見を得ていただくことである。私の偏った見方かもしれないが、いわゆる「共済陣営」は、運動面では広く国際的な視野を持ちながら、事業面では閉鎖的でドメスティックな印象がぬぐえない。世界に共済の独自性と意義を主張するには、「共済」（Kyosai）という言葉だけを広めても意味はない。日本の歴史的存在としての「共済」を、他国の協同組合保険と比較可能なかたちで説明する必要がある。その結果、日本の共済団体の独自性が広く理解されるものと思われる。本書において、わが国における共済の独特な発展を保険との対比で、歴史的かつ理論的に検討することが、「共済陣

営」の国際的な連携の上でなんらかの貢献となるのではないかと期待する。

　第三の目的は、保険業界のリアクションにかかわることだ。ビジネスの世界では、保険に得意なこと、共済に得意なことなどがある程度明確になってきている。また同じダイメンジョンで競合する商品もはっきりしてきている。たとえば自動車保険の分野では保険会社も共済団体も基本的には同じ商品を提供している。消費者にとっては大きな違いのある商品ではないが、異なる組織原理を採用している法人が提供する商品が同じ市場で競争するということは保険市場の発展という観点からみても悪いことではない。共済への理論的な理解が深まることにより、このような競争が適正に行われるようになるのではないかと期待している。さらに近年の「P2P保険」のように、相互扶助性を強調したいわゆる「共済保険」が誕生している。保険が共済を利用する事例は、「戦友共済保険」のように戦前から見られたが、保険と共済の相違ということを深く理解することは、「P2P保険」のような新しいビジネスモデルを理解する上でも重要である。いずれにせよ、共済を理解するということは、古くて新しい問題なのである。

　本書の構成は次のとおりである。第1章では、共済と保険の相違性と共通性について理解を深める知識を提供する。共済加入が普及しているにもかかわらず、共済への理解がそれほど深まっているわけではない。この章では、一般に「共済」と呼ばれているものについて幅広く見渡したのちに、本書において保険との対比で検討する共済とは何であるかを明らかにする。これらの情報整理が、共済の活用に貢献することを期待する。第2章は、共済と保険という二つの概念を比較軸として、主として機能論的アプローチにより検討する。さらに組織論的アプローチにより、共済と保険の相違点と共通点を「理論的」に整理した。第3章では、共済保険研究会と『共済保険研究』から約10年の時代をふりかえって、当時の学者が共済と保険がどのような理解をしていたのかを明らかにする。大蔵省に保険審議会が誕生したことに対抗して、1959年6月に共済保険研究会が発足し、『共済保険研究』が発行されるようになった。『共済保険研究』は、『共済と保険』と名称をかえて現在まで続く研究誌・情報誌と

なっている。学説史的な部分なので少々読みづらいかもしれないが、保険研究・共済研究の先達が当時何を考えていたのかを確認することは大切であると考えている。この章の一部は、かつて『共済と保険』に連載した記事を転載させていただいたが、転載にあたっては必要な修正をほどこした。転載にあたり『共済と保険』編集部からご快諾を得たことを感謝したい。第4章では、あらためて共済と保険をめぐる相違点と共通点を整理し、生活の中での共済と保険についてまとめ、共済の理論的な把握と共済の将来における役割や期待についての私見を述べた。

第1章

わかりやすい共済商品と
わかりにくい共済組織

■本章の要点■

◇共済は保険に比べて掛金や給付内容がシンプルな商品が多いのが特徴である。

◇戦前は共済という言葉は法的根拠のある言葉ではなく、「たすけあい」を意味する普通名詞として使われていた。

◇保険会社は、内部補助をともなう保険集団に対して、集団内部の「たすけあい」という意味で共済という用語を使った。

◇戦後は、法的根拠をもつ言葉として共済が使われるようになったが、同時に法的根拠をもたず「たすけあい」という意味でも使われている。

◇本書で保険商品と比較するのは、根拠法のある共済団体による共済商品である。

◇その根拠法とは、農業協同組合法、水産業協同組合法、消費生活協同組合法、および中小企業等協同組合法の4つである。

◇根拠法による認可共済団体以外に、特別法による団体で「共済」の名称をもつものがある。

◇共済という用語を用いる団体およびサービスの全体像については、本章の「まとめ」を参照されたい。

◇保険と共済の相違を知ることは、両者の優劣を明らかにすることではない。

◇それぞれの機能の違いを認識することによって、パーソナル・リスクマネジメントをより多様なものにすることができる。

1.1　はじめに—生活の中での共済と保険

　生活の中で「共済」という言葉を耳にすることが多い。ある人は、保険会社が提供する商品の一種類と思っている人がいるかもしれない。またある人は共済を「たすけあい」のための募金のようなものと思っているかもしれない。

　この両方の理解ともまったく的外れであるとはいえない。しかし厳密にいえば、間違っている。たとえば、共済の機能を考えれば、保険商品のそれとの違いはほとんどない。また、多くの共済団体が、「たすけあい」という理念を強調しているにもかかわらず、契約者の視点からみれば、共済は保険と同じく自助のための手段である。よって共済は、共同募金のような「たすけあい」とは異なるのだ☆1。

　本書は、共済と保険の違いを可能な限りわかりやすく解説して、「わかりにくい」とされる共済組織を説明する。その目的は、保険と共済の優劣を明らかにすることではない。そうではなく、比較的シンプルでわかりやすい共済商品に対して、わかりにくいとされている共済組織を明らかにすることによって、共済商品のもつ特徴を認識してほしいと考えたからである。これによって、パーソナル・リスクマネジメントの一つの手法として、共済商品を生活の中で活かすことができるものと期待している。

　ところで正体不明のものは、なんとなく胡散臭いものにみえる。「幽

☆
1　たとえば、共済の「たすけあい」が仲間内（組合員間）のたすけあいであるのに対して、募金は不特定多数への救援としての「たすけあい」である。「たすけあい」の範囲が異なることは重要。本書では、「たすけあい」と括弧付きで表記して、広義な概念とするが、本文においては、文脈に応じて括弧なしで、助け合いや扶け合いなどの表記を用いることがある。

霊の正体見たり枯れ尾花」。共済を胡散臭いものと思っている人の多く
は、その正体を見ていないのではないだろうか。人間は習慣や経験に
よってものの見方がゆがめられるというのが「洞窟のイドラ」だ☆2。
共済を知ることによって、モヤモヤしていたものが雲散霧消するはずで
ある。ベーコンが示した別の先入観として、「市場のイドラ」がある。
これは、伝聞によって浸透するタイプの偏見である。たとえば、共済が
わが国の法律上、保険と称することができないことから、共済が保険の
より劣った存在であると考えることは「市場のイドラ」といえよう。共
済が保険という名称を用いることができない理由は、単にわが国の法体
系に由来するものであり、後述するように講学上の概念としては、大規
模な共済の多くは、「協同組合保険」というべき存在である。また大規
模な共済はいずれもそれぞれの監督官庁の厳格な監督に従って健全に経
営されており、そのため消費者契約の保護という次元では、保険が共済
よりも上位であるとか、共済は不十分な保険であるとかいうことはでき
ない。また、かといって逆に共済が保険よりも優れたものであるという
ことを主張できるわけでもない。

　このような共済に対する先入観（偏見）をなくし、共済を保険とは異
なる特徴をもった「商品」という認識をもつ必要がある。家計をとりま
くリスクが多様化する現代の生活のなかで、共済商品がパーソナル・リ
スクマネジメントの幅を一段と広げることになることが期待される☆3。

☆————————————
2　フランシス・ベーコンのイドラには、「洞窟」「市場」のほか、「種族のイドラ」や「劇
　　場のイドラ」などがある。羽入佐和子『思考のレシピ』（ディスカバー・トゥエンティワン、
　　2014 年）131-132 頁に簡単な解説がある。同書は、「哲学する」ことを実践するための格
　　好の「レシピ本」である。現在絶版となっていることが残念だ。

1.2　共済という言葉について

　共済という言葉は人々の間では古くから使われている言葉だが、法的な概念として登場するのはけっして古いものではない[4]。第2章で詳しく述べるが、保険にかかわる法律は、保険契約にかかる法規と保険監督に関する法規がある。前者は契約法、後者は監督法である。日本では、契約法は当初は商法の一部として制定された。商法から少し遅れて監督法である保険業法が明治33年に施行され、わが国において実質的な保険監督がはじまった[5]。このときに保険とされたのは、いわゆる近代保険であり、頼母子講や無尽などとつながりのある、伝統的な手法（たとえば賦課式保険[6]）は、類似保険ないしは疑似保険とみなされることになった。

　ところで保険業法と同じ明治33年に、わが国最初の協同組合に関する組織法といえる「産業組合法」が施行されたことは興味深い。この法律は、産業組合が行うべきいくつかの事業を規定していた。しかし、同法には共済（保険）事業が定められていなかった。その結果、戦前においては協同組合による共済（保険）事業の法的根拠は存在しなかったのである。よって、戦前においては、「共済」という用語は、保険のよう

☆──────────

3　ここで言及する共済とは根拠法のある共済団体によって提供される共済であり、共済という言葉を利用した無認可共済のことではない。もっとも無認可共済は、小額短期保険業者の制度の導入で、時限を区切って、保険会社となるか、小額短期保険業者となるか、あるいは解散するかの自己選択をした。自己選択できなかった少数の団体が経過措置として、認可特定保険業者という名称で存続しているが、当時数多くあった根拠法のない共済（無認可共済）は消滅したはずである。しかし、共済の名を騙った悪質な行為が生まれないわけではないので、消費者は保険・共済についての基本的な認識を身に着けておきたい。

4　ここでは「共済」の語源や用法の歴史をたどらない。おおむね「仲間内のたすけあい」という意味をもったものと使われてきたものと思われる。

5　大林良一『保険総論』（春秋社、1971年）44頁を参照。

6　伝統的な手法については第2章を参照。

に法的に規定された法律用語ではなく、いわゆる普通名詞のように使われていたと考えることができる。

　ここで、「ざっさくプラス」という雑誌論文データベースで「共済」という用語が論説や記事のタイトルに現れた頻度をみた。データベース化された雑誌によるバイアスがあるだろうが、「共済」という言葉に世間が関心をいだいた年代を傾向的に読み取れる。これによれば、おおよそ戦前にくらべて、戦後のほうが「共済」が頻出する。これは、先に述べたように戦前には共済に対する法的根拠がなく、実体も伝統的社会の互助会を引き継いだような共済会ぐらいしかなかっただろうことを連想させる。戦後は、農業協同組合による共済事業の発展とともに、年金関係で「共済組合」が誕生したことなどがあり、使用頻度が一段と増えた。また注目すべきは、1995 年以降に使用頻度が急増することである。これは共済団体の規模の拡大とともに共済団体の社会的存在が高まったことがひとつの理由であると考えられる。

1.3　戦前における「共済」という言葉

　わが国の法令の名称で「共済」が最初に登場したのが「帝国鉄道庁現業員の共済組合に関する件」（明治 40 年勅令第 127 号）という法律であった☆7。ただし、共済という言葉は、明治の初期から雑誌に登場する。たとえば、「共済会」という用語は、少なくとも明治 14 年には『七一雑報』という雑誌に登場している☆8。また明治 20 年には「日本人共済会」☆9、明治 22 年には「全国諸鉱山同盟諸職工慈善共済会」という記

☆
7　関英昭「『共済と保険』−法律学の視点からの検討−」『協同組合研究誌にじ』2018 春号、663 号を参照。
8　「東京基督信徒共済会会則」『七一雑報』（雑報社）明治 14 年 7 月 29 日 4 頁。
9　「日本人共済会」『女学雑誌』（女学雑誌社）88 号、明治 20 年 12 月 10 日。

事がみられる☆10。「産業組合法」の施行と同じ年の明治33年には「共済基金保管方法の承認」という記事が『警察協会雑誌』に掲載されている☆11。またその翌年の『保険雑誌』には、磯谷敬之助「共濟會に就て」という論稿が掲載されている☆12。

その後、政府および民間事業会社の内部に共済組合が多数設立されるようになったようで、昭和16年の第79回帝国議会衆議院予算委員会要求資料に「政府及民間事業会社内共済組合数と其の積立金及経営予算総額と従業人員」というものがある☆13。保険のように監督法と契約法が整っていなかったにもかかわらず、共済は「共済会」あるいは「共済組合」という実体において展開していたことがわかる。『広辞苑』によると、共済とは「共同して助けあうこと」とあるが☆14、共済は序章でも述べたように、普通名詞として社会に受け入れられていたようだ。

保険会社においても「共済」という言葉が使われた事例がある。ひとつは、共済五百名社という賦課式保険組織が発展的に解消して誕生した共済生命保険合資会社である。この会社は、後に安田生命保険株式会社となり、現在の明治安田生命保険相互会社の前身会社のひとつである。詳しい歴史は、社史に譲ることにして☆15、ここでは、共済生命が募集したのは「保険」であり、「共済」は共済五百名社からの名称の継承であるにすぎないことを付け加えておく。

もうひとつの事例は、「戦友共済保険」という商品である。掲載した

☆————————————

10 沖龍雄「全国諸鉱山同盟諸職工慈善共済会ノ設立ヲ望ム」『工学会誌』8-89、明治22年5月、304-307頁。
11 『警察協会雑誌』6号、明治33年、80頁。
12 『保険雑誌』6-61、明治34年。
13 通産政策史資料オンライン版「簿冊名：第79回帝国議会衆議院予算委員会要求資料中当局関係分昭和16年」より。
14 新村出編『広辞苑〔第七版〕』(岩波書店、2018年)。
15 安田生命100年史編纂委員会編『安田生命百年史』(1980年)、および『安田生命123年史』(2003年)を参照。

商品パンフレットでは、第一徴兵保険株式会社から募集されているが、もともとは大正 7 年に設立された戦友共済生命保険株式会社の商品だった[16]。同社が第一徴兵に合併されたため、契約の包括移転により、第一徴兵が募集していたのである[17]。

　この商品は、保険会社が「共済」という言葉をどのように理解していたのかを知る手がかりとなる。そこで少し丁寧に説明しておきたい。戦友共済生命の商品案内には、「本保険の特徴」として、「軍人の共済保険」、「無診査保険」、「保険料の低廉」、「国家的使命」という項目があげられている。「この保険の最大特長は一朝有事の際、国防の第一線に起つべき帝国軍人のみを加入者として、平時、戦時の別無く、その相互の救済を図るところに、第一の目的がありまして、他には全く類例のない保険」であるとされている。軍人の相互救済と述べる根拠は、戦争変乱に遭遇した場合の「戦友共済団の決算」にある。商品案内によれば、「戦争変乱に参加された加入者全体を一つの共済組合団体と見做し、此組合の保険料積立金から戦死者には規定の保険金を支払い、帰還者には残余の積立金を以て将来の為に各自の割戻し金高に相当する払済養老保険又は払済終身保険を付けます」ということだ。つまり戦争変乱に生じた場合には、参加した軍人を元の保険集団から切り離して単独の保険集団とし、それを共済組合団体とみなすこと。戦乱による死亡保険は、この共済組合団体から行い、無事に帰還した軍人には共済組合団体から支払死亡保険金総額を控除した残りの保険料積立金を原資として払済みの養老保険または終身保険を提供するというものである。当然のことなが

☆─────────────

16　同社は、大正 12 年に星一が買収し、社長に就任した。星は「戦友共済保険」を軸に同社の発展のための戦略を進めるが、業績は進展せず、最終的には第一徴兵保険に合併された。ちなみに星一は、星製薬の創業者であり、SF 作家の星新一は彼の長男。社内文書、星一社長「㊙生命保険経営に関して、県元、郡元、特約店諸君に告ぐ」（著者所蔵）などを参照。

17　同社は昭和 7 年 11 月に第一徴兵保険株式会社に契約の包括移転を行って解散した。

ら多くの軍人が死亡すれば、帰還者の保険金額はとるに足らない額になる。要するに、戦争変乱に参加する軍人の保険団体では、戦死者の多寡により、生還者である契約者の受取り分が変動するのだ。軍人の保険集団では、無事帰還した軍人から、死亡した軍人への「救済」（内部補助）が生じることになる。このように、戦死した軍人への内部補助に、軍人間の「たすけあい」をみて、「共済」という名称を用いたと思われる。言い換えれば、保険会社

は、共済とは保険集団で「内部補助」が生じる場合のことであると理解していたのである☆18。

☆────────────

18　通常の保険商品では、戦地に赴く場合には、死亡確率が高まるため相当の割増保険料を支払うというのが通常の対応である。戦友共済保険の場合は、戦乱に赴く軍人に割増保険料を徴収しないかわりに、かれらを別個の保険集団として分離し、この保険集団のなかで収支を相等にさせるものである。保険料水準からいえば、リスクに対して過小な保険料率が適用される。死亡した軍人は、過小な保険料であるにもかかわらず、約定された死亡保険金額を給付されるが、その分のしわ寄せは、当然のことながら、生存した軍人の負担となる。つまり、生存した軍人は死亡した軍人に対して「内部補助」を行うような仕組みとなっているのである。なお、戦友共済以外に、日本医師共済生命保険相互会社もあった。この会社は全国の開業医が設立基金を拠出して設立されたものである。医師がたすけあって作った保険という意味で共済が使われていたものと思われる。

1.4　各種共済団体の紹介

「共済」という用語を使った団体

　私たちの生活のまわりには、共済という名称のつく団体は数多くある。共済と保険を比較する前に、これらの数多くの共済という名称のつく団体について整理してみる必要がある。本書でこれまで共済といってきたものは、主に根拠法のある共済（認可共済）である。根拠法とは、保険業法のような共済監督法である。またこの法律によって監督官庁が定まっている。このほかには根拠法のない無認可共済や特別法を根拠にもつ共済組合などがある。最初に、根拠法のない無認可共済および特別法による共済組合について説明し、その後で本書が「共済」と呼ぶ根拠法のある共済について説明する。

共済会－監督を受けない共済事業を行わない団体

　1990 年代初めに、共済の名前を騙って詐欺事件を起こした「オレンジ共済」事件というものがあった。これは某国会議員の政治団体が運営していた共済団体が起こしたもので、「オレンジスーパー定期」という高配当をうたった商品を組合員に買わせて、集めた資金を私的に流用した事件であった。いわゆる自転車操業型ないしはネズミ講型の投資詐欺事件だ。

　金融庁は「オレンジ共済」に類似した詐欺事件が起こることを警戒し、平成 18 年に少額短期保険業制度を導入した[19]。これは、それまで根拠法がないまま共済事業を運営していた「無認可共済事業者」をなく

☆
19　平成 18 年 4 月 1 日施行の改正保険業法によって導入された。

し、もって消費者保護をはかるために実施されたものである。この制度の導入により、「無認可共済事業者」は一定期間内に、保険会社となるか、少額短期保険業者となるか、あるいは廃業するかを選択しなくてはならなくなった。

　この結果、共済事業を無認可で運営する団体は、何らかの法的監督を受けることになり、無認可共済は若干の例外を除いて事実上なくなった。たとえば、近年わが国で普及している「ペット保険」は、根拠法のない無認可共済事業者として事業展開されていたが、これを契機に、最大手の団体が保険会社に転換し、他の団体は少額短期保険業者となった。結果的にいえば、この規制は、「ペット保険」の社会的信頼性を増すことによって、ペット保険市場を拡大するのに役立ったものと思われる[20]。

　ただしここで注意すべきは、「共済会」という名称で、「相互扶助事業」を提供する団体が存在していることである。このような「共済会」のすべてが詐欺的なものというわけではないが、そのサービスの提供には、特定の根拠法があるわけではなく、また特定の官庁が監督しているものではないことを承知した上で利用する必要がある。たとえば、全国福利厚生共済会という一般財団法人があるが、そのホームページには、「当会の行う事業は、許認可、届出等を要する事業ではなく、当会は、国、地方公共団体その他一切の公的機関の許認可を受け、あるいは、公的機関等への届出、登録を行っている団体ではありません」と明記されている[21]。同会の沿革を読むと、少額短期保険事業者に関する改正保険業法により平成20年にそれまで行っていた共済事業は少額短期保険

☆————————————

20　ペット保険を扱う少額短期保険株式会社に対して関東財務局から行政処分が行われた。ペット保険会社のすべてが健全であるとはかぎらない。関東財務局「ペッツベスト少額短期保険株式会社に対する行政処分」（令和4年6月10日）を参照。

21　http://www.zenko-sai.or.jp/（2021年3月28日閲覧）

会社として分離したことがわかる。したがって、「共済会」という名称が紛らわしいが、提供するサービスは「共済事業」ではなく、「相互扶助事業」ということになる。

さらに紛らわしいことに、より公共的な目的で行われている「共済会」が存在することだ。たとえば、福祉事業を営む非営利法人を会員とした、一般財団法人北海道民間社会福祉事業職員共済会[22]、また東京都社会福祉協議会の提供する「従業者共済会」[23]などがある。これらは、福祉事業の促進という公共的目的によって設立されているものであり、また誰でも組合員になれるものではないので、性格としては次に説明する共済組合に似るものといってよい。よって前述した全国福利厚生共済会とは性格を異にするものである。

いずれにせよ、全国福利厚生共済会のように、適格であるとすれば、誰でも会員になれるような「共済会」については、根拠法があるのかどうかということに注意し、またその活動について十分に理解した上で加入することが大切だ。とりわけ、全国福利厚生共済会のように無認可団体であるということを明示するのでなく、あたかも認可されているように見せるような「共済会」や高利回りの提示など資金調達が目的と思われる「共済会」は疑ってかかるべきだろう。

共済組合－特別法による団体

私たちの生活の中で「共済」というと各種の共済組合を思い浮かべる人が多いかもしれない。共済組合という名称は、おもに公務員や私立学校教職員を対象として公的社会保障に関連する事業を運営する社会保険組合に用いられている。

☆
22 http://www.kyousaikai-shiawase.jp/about/（2021 年 3 月 28 日閲覧）
23 http://www.tcsw.tvac.or.jp/activity/kyosaikai/index.html（2021 年 3 月 28 日閲覧）

　代表的なものは、国家公務員共済組合である。この組合は連合会組織で成り立っており、昭和22年に設立された財団法人政府職員共済組合連合会をはじまりとし、昭和33年に国家公務員共済組合法により、国家公務員共済組合連合会（略称：KKR）に改称して現在にいたっている。連合会の構成団体は、衆議院共済組合、参議院共済組合、内閣共済組合、各省庁の共済組合、日本郵政共済組合など20の共済組合で組織されている☆24。また連合会の業務は、年金などの長期給付と医療・宿泊施設の運営など福祉事業に関する業務とされている☆25。

　地方公務員に対しては、地方公務員等共済組合法を根拠とする地方公務員共済組合が全国に多数存在する。主要な共済組合は、地方公務員共済組合連合会に加入している。加入団体には、たとえば、東京都職員共済組合、地方職員共済組合、指定都市職員共済組合、市町村職員共済組合、警察共済組合、公立学校共済組合などがある。

　このほか、私立学校教職員共済組合がある。この共済組合は、私立学校教職員共済法を根拠とする団体で、正式名称は、日本私立学校振興・共済事業団（通称：私学共済）である。これは行政改革の一環として、平成10年に日本私学振興財団と私立学校教職員共済組合が廃止され、それぞれの権利義務を継承して設立された団体で、年金などの共済業務や福祉事業などを行っている。他の共済組合と異なるのは、連合会組織ではなく、私立学校の教職員が日本私立学校振興・共済事業団に加入するという形式になっていることである☆26。

☆

24　細かいことだが、日本郵政グループの社員は、国家公務員共済組合法の対象となる職員ではない。しかし郵政民営化の際に追加された国家公務員共済組合法附則20条の2により当分の間は、共済組合を組織すると定められている。郵政以前に民営化された「日本たばこ産業共済組合」「日本電信電話公社共済組合」「日本鉄道共済組合」などは、厚生年金に統合され、現在は厚生年金に統合されなかった期間の長期給付事業のみを行っている。

25　国家公務員共済組合法72条ほかにおいて定められている。

26　加入に強制力はありませんので、日本私立学校振興・共済事業団に参加しない大学もある。

　このほかにも特別法による共済組合がいくつか存在する。農業災害補償法および漁業災害補償法によって設立されている、社団法人全国農業共済協会および全国漁業共済組合連合会がある。前者は、農業共済組合から構成され、農業共済（ＮＯＳＡＩ）を提供し、後者は漁業共済組合に対して漁業共済（ぎょさい）を提供している。ＪＡ共済、ＪＦ共済が農業者や漁業者の個人の生命や財産に対するカバーが中心であるのに対して、こちらの団体は大規模な災害に対する補償を目的としている。最近、鳥インフルエンザのために何百万羽というニワトリが殺処分されて話題になっているが、こういった予防的措置のための殺処分などに対する補償はＪＡ共済ではなく農業共済が行っている。

　経済産業省中小企業庁の監督下にあっては、小規模企業共済法、中小企業倒産防止共済法などにより設立された共済組合が存在する。中小企業退職金共済法は、独立行政法人勤労者退職金共済機構の根拠となる特別法であるが、中小企業庁ではなく、厚生労働省が所管官庁となっている。厚生労働省は、社会福祉施設職員等退職手当共済法によって設立された独立行政法人福祉医療機構の所管官庁でもある。この機構からは、「社会福祉施設職員等退職手当共済」が提供されている。文部科学省は、独立行政法人日本スポーツ振興センター法により設立された、独立行政法人日本スポーツ振興センターの所管官庁となっているが、同センターは学校災害のために「災害共済給付契約」を提供している。

　これらの独立行政法人によっても提供するサービスの名称に「共済」という用語が使われている。これらの「共済」は自主運営しているのではなく、民間保険会社などが受託して運営しているものがほとんどである。つまり民間保険会社が、一定の管理費を徴収して、「共済団体」を管理している「共済」である。

共済協同組合－根拠法のある認可共済団体

　特別法以外に協同組合法という根拠法をもった共済団体が存在する。これらの共済団体は、監督官庁が明確に定められているため、先に言及した無認可共済と区別するために、認可共済と呼ぶことがある。根拠法となる協同組合法は、農業協同組合法、水産業協同組合法、消費生活協同組合法、中小企業等協同組合法の４つである。共済の業界団体として日本共済協会[27] という組織があるが、この協会に加入する団体は、基本的には認可共済であり、団体の正式名称には「共済組合」ではなく「共済協同組合」という用語が用いられている。本書で「保険」と対比して述べる場合の共済は、この種の共済団体である[28]。共済事業の内容・運営・組織・監督等については、それぞれの協同組合法が定めているので、所管官庁ごとに説明するのがわかりやすいと思う。

(1)　農業協同組合法・水産業協同組合法（農林水産省）

　農林水産省によって監督される共済協同組合に、全国共済農業協同組合連合会（全共連）と全国共済水産業協同組合連合会（共水連）があり、それぞれの根拠法は、農業協同組合法（以下「農協法」と略記）と水産業協同組合法である[29]。前者は「JA 共済」、後者は「JF 共済」という名称で親しまれている。両共済団体は、保険会社とは異なり生損兼営がみ

27　一般社団法人日本共済協会は、令和元年 12 月現在で、正会員 13 団体からなっている。多数ある共済団体からみると少数のようにみえるが、共済事業規模でいえば上位にある団体のすべてが協会に加入しているため、共済加入者および資産規模からみると大多数であるとみて間違いない。なお同協会の英文名称は、Japan Cooperative Insurance Association Incorporated とされている。共済を協同組合保険と英訳していることに注意されたい。(http://www.jcia.or.jp/English/index.html 2013 年 3 月 28 日閲覧)

28　このことは序章の注☆ 1 でも指摘している。その理由は、保険会社と一部競合するサービスを契約者の自助手段として提供できるのは、このタイプの共済団体に限られるからである。

29　農業協同組合法（昭和 22 年 11 月 19 日法律第 132 号）。水産業協同組合法（昭和 23 年 12 月 15 日法律第 242 号）。

とめられており、「JA 共済」では、主に農業者のために、火災、生命、傷害、自動車、年金など多様な共済を提供している。また「JF 共済」は、「浜の安全のために」漁業従事者に対して、火災、生命、年金という三つの基本的な保障を提供している☆30。

　ただし農家組合員だけが「JA 共済」を利用できるのかというと、必ずしもそうではない。准組合員になる方法のほかに、農協法が認める範囲内で員外利用が認められている☆31。たとえば、JA 共済による「建物更生共済」は、東日本大震災の地震による建物被害に対して巨額な共済金を支払ったこともあり、地震に対する関心の高い消費者にとって魅力的な「商品」である。農業者ではない一般消費者が、この「建物更生共済」を利用することは不可能ではない。農業者ではなくても員外利用を利用して加入することができる。

　少し横道にそれるかもしれないが、民間損保の提供する地震保険とJA共済による「建物更生共済」の違いについて説明しておきたい。民間損保の火災保険（すまいの保険）は、地震による損害は免責となっている。そこで地震による損害のカバーを必要とする契約者は、火災保険に付帯して地震保険に加入することができる。これに対して「建物更生共済」は地震免責がない☆32。そのため、民間損保が個人契約者に提供する地震保険と「建物更生共済」は、ともに地震リスクに対応する手段で

☆

30　日本共済協会のサイトを参照。（http://www.jcia.or.jp/　2021 年 3 月 29 日閲覧）

31　JA共済のホームページでは、次のような説明がされている。「JA 共済は、農家組合員以外の方でもご利用になれます。組合員には「正組合員（農家組合員）」と「准組合員」の 2 種類があり、農家組合員以外の方のご利用に際しては「准組合員」になる方法と「員外利用（組合員にならずに利用）」する方法があります。准組合員になるには、JAの協同組合運動にご賛同いただいたうえで、出資金をお支払いいただくことが必要となります。准組合員になられた方は、JA共済だけでなく、JAの他の事業も農家組合員と同様にご利用いただくことができます。また、員外利用とは、農協法により、組合員以外の事業利用が一定の範囲内で認められているものであり、JAごとに組合員の利用高の 2 割まで、組合員以外の皆様にも出資金不要でご利用いただけます。」（http://www.ja-kyosai.or.jp/faq/character 2021 年 3 月 29 日閲覧）。

あるといえる。しかしながら、民間損害保険会社を通して加入する地震保険とJAの「建物更生共済」は、仕組みも考え方もまったく異なるものである。

　民間保険が扱う地震保険は、日本地震再保険株式会社（以下「日本地震再保険」と略記）が再保険している。地震による大損害が生じて日本地震再保険の準備金が不足した場合には、政府が国会の議決をへて同社に資金を貸し付けるという仕組みである。この仕組みにより、地震保険給付の確実性が担保されている。この仕組みは、万が一の場合に税金を使うというものであるため、一般の国民が誰でも利用できること、そして個人的な財産そのものを補償するものではないことが原則である。したがって、日本地震再保険を基軸とした地震保険は、誰でも加入できる民間損保が取り扱い、かつ保険金は住宅という財産の損害に対する補償としてではなく、震災直後の当座の必要資金の提供という費用保険的発想で運営されている☆33。

　他方、「建物更生共済」は、建物の財産保険なので実際に生じた損害に対する補償が行われる。損害査定の関係で、共済金支払いの迅速性について地震保険には劣るかもしれないが、個人財産の補償を行うという点で優れている。東日本大震災関連の保険金支払い額は、当初、共済の支払いが8000億円とか9000億円とかいわれ、1兆2000億円あまりの

☆────────────

32　地震を担保できる理由は、「建物更生共済」が長期の積立保険であること、および協同組合保険であることである。協同組合保険の場合は、共済規約において異常事態における共済金削減規定を置くことができる。同様の保険金削減規定は、相互会社に適用されていたが、保険業法改正により削除された。なお、その後、相互会社のみならず株式会社においても、異常事態の場合には経営責任を明らかにした上で、予定利率の削減が認められる法制が成立している。この点で共済と保険はイコールフッティングであるが、共済規約に明記できる点では、協同組合保険がより「使い勝手」がよいものとなっている。

33　民間保険の地震保険は、地震による家屋の損害に対する補償であると誤解されがちであるが、正しくは、当座の必要資金の提供である。保険金額は、家計火災保険金額の30%から50%の範囲、ただし建物は5000万円、家財は1000万円が限度となっている。

支払実績だった地震保険との間に差があったが、最終的な数字でみると共済全体で 1 兆 1718 億円となっている☆34。まさに民保の地震保険に相当する補償が行われたのである。この共済支払実績の大半が「建物更生共済」によるものと考えられる。なお、共済金支払いが民保の地震保険給付よりも遅れ気味となった理由は、建物更生共済が財物保険の性格をもっているためである。

　以上のように、地震による財産損害をカバーする手段を提供できるのは、わが国では、協同組合による地震保険のみである。このことを、「協同組合保険」の強味を生かした共済の競争力と考えることができるかもしれない。

　戦後最初の共済協同組合として事業展開を行った JA 共済連の事業規模は、各種共済団体のなかできわめて大きなものである。近年は農家人口の減少という逆風が気になるものの、堅固な事業基盤が背景にあるのだ☆35。

(2)　消費生活協同組合法（厚生労働省）

　消費生活協同組合法（以下「生協法」と略記）☆36 を根拠法として設立された協同組合（生協）が行う多くの共済事業がある。その主要なものをあげれば、こくみん共済 coop（全労済）、コープ共済連、全国生協連（都道府県民共済グループ）、大学生協共済連などをあげることができる。一般に「生協の共済」と呼ばれているが、これは生協法を根拠法とする生協の共済事業すべてに共通の「ブランド名」であるといってよい☆37。し

☆

34　武田俊裕「2030 年への『分岐点』に立つ協同組合共済」（JA 共済総合研究所『創立 30 周年記念論文集』2021 年に所収）86 頁。地震保険の数字は「2012 年 5 月 31 日日本損害保険協会調」、共済の数字は「2015 年 3 月 31 日日本共済協会調」となっている。

35　「JF 共済」は、東日本大震災の影響をもっとも大きく受けた共済団体といえる。しかし、事業規模に対して相当巨額な共済金を支払いながらも事業を継続し、引き続き「浜の安全」のために努めている。

36　「消費生活協同組合法」（昭和 23 年 7 月 30 日法律第 200 号）。

たがって、消費者は、コープ（CO-OP）だからといって、みんな同じ組織（団体）であるわけではないということを知っておく必要がある。それぞれの生協団体の特徴は異なっており、また全国に数多くの生協共済が行われており、共済の多様性がもっともみられるのが、生協法を根拠法とする共済である。したがってこれらの生協は、厚生労働省が所管庁となっている。

　日本共済協会のサイトを参照して、各共済団体の提供する共済種類をあげると、こくみん共済 coop が、JA 共済と同じく火災、生命、傷害、自動車、年金などを提供するいわゆるオールラウンドの共済事業者である。これに対して、コープ共済連と大学生協共済連は火災と生命、全国生協連は火災、生命、傷害の共済を提供しており、自動車や年金は提供していない[38]。

　主要な生協共済団体についてごく簡単に説明しておく。最初に「こくみん共済 coop」を提供する全国労働者共済生活協同組合連合会（全労済）。全労済は、労働組合員・勤労者の福利厚生を目的とする協同組合であり、都道府県ごとの生協共済のほか、職域の共済生協などからなる連合会である。加入は、労働組合経由というのが基本だが、各都道府県の共済生協の本支部でも加入ができ、また最近では「共済ショップ」が展開されていて手軽に加入できるようになっている。近年までは「全労済」という名称で親しまれてきたが、「こくみん」のための生協共済という性格を前面に出して、「こくみん共済 coop」という愛称を採用している。共済団体の中では、JA 共済につぐ事業規模を誇る団体である。

☆ ─────────────────

37　ちなみに、コープ（CO-OP）は、協同組合の略称であり、特定の協同組合共済が専有する商標ではない。

38　コープ共済連の提供する火災共済は、こくみん共済 coop（全労済）の共済事業規約にもとづく共済であり、また大学生協共済連の火災共済は、2019 年より募集停止し、火災保険契約として提供している。なおコープ共済連は単体の傷害共済は販売していないものの、入院、手術、ケガ通院を保障す「CO・OP 共済たすけあい」という医療共済がある。

　次に日本コープ共済生活協同組合連合会（コープ共済）の「CO・OP共済」。「CO・OP共済」は、日本生活協同組合連合会（日本生協連）を構成する単位生協の組合員が加入できる共済商品で、生命共済と火災共済がある。加入するには、他の共済と同様に組合員として出資金を拠出する必要がある。加入の手続きなどは、各生協で行われるが、コープ共済連が元受契約を行っている。推進（募集）チャネルは、主として各地の生協であり、購買事業とあわせて共済にも加入をお勧めするというパタンが多いようだ。

　生命共済としては最高3000万円の生命保障に入院やがんの特約をもった「あいぷらす」と終身医療、終身生命を提供する「ずっとあい」がある。さらに医療保障の「たすけあい」も提供されており、生活のための身近な保障を安価で提供しようとする姿勢が商品に反映している。

　次に、全国生活協同組合連合会（全国生協連：都道府県民共済グループ）。東京都なら「都民共済」、千葉県なら「県民共済」という共済で知られている。その名称から、地方自治体による共済であると勘違いする人が多いかもしれないが、自治体とは無関係の生協共済である。日本生協連による「CO・OP共済」と異なり、購買生協を基盤とした生協共済ではなく、基本的には共済事業のための生協共済だ。主たるチャネルは、銀行を窓口として、あるいは郵送により、居住地あるいは勤務先のある都道府県の共済に加入し、全国生協連が元受けするというものである。この仕組みを、保険会社に例えるならば、都道府県の共済支部は、全国生協連という「保険会社」の募集代理店のような存在であると考えていいだろう。

　なお北海道は「道民共済」、京都府と大阪府は「府民共済」だが、「県民共済」について少しややこしい点がある。神奈川県だけは「全国共済」という名称となっている。これは、神奈川県には全国生協連とは別個の協同組合共済団体の「神奈川県民共済」が存在しているからであ

る☆39。なお鳥取県、徳島県、高知県、沖縄県では県民共済が行われておらず、全国すべてをカバーしているわけではないようだ☆40。

　最後に全国大学生協共済生活協同組合連合会の「学生総合共済」。これは、学生生活の維持を目的として、全国の大学生協を通して学生組合員にのみ提供されている共済である。生命共済を基本とし、下宿生のために「すまいの保険」を付け加えることもできる。当然のことながら、大学生協の組合員である大学生だけが加入することができるものである☆41。給付額は大きなものではないが、ちょっとした事故やケガによって大きな狂いが出ることのある大学生活の安定に役立つきめ細かい給付が特徴である。たとえば、こころの早期対応保障やストーカー被害見舞金制度など学生ならではの保障が備わっている。

　大学生協共済の弱点は、基本的には大学生協のある大学の学生にしか「学生総合共済」を提供できないことである。大学生協は、全国の大学生の約半数をカバーしているが、残りの半分の学生には事実上カバーを提供できない状況にあった。すべての大学生が「学生総合共済」に加入できるように、2022年度よりコープ共済連と「学生総合共済」の共同引受を開始した。これによって、大学生協のない大学の学生にも「学生総合共済」を提供できるようになった。このことは、協同組合という限界を協同組合間の連帯により乗り越えた一事例として記録すべきことであろう。

（3）　中小企業等協同組合法（経済産業省）

　経済産業省の中小企業庁が監督する協同組合でも共済事業を行ってい

☆

39　神奈川県民共済生活協同組合による「神奈川県民共済」は、独立生協系共済といえる。

40　全国生協連のサイトを参照。http://www.kyosai-cc.or.jp/kosailist/index.html 2021年3月29日閲覧。最近、鳥取県などに県民共済の支部が置かれ全国すべてをカバーしたという。

41　年齢よりも学生の資格が必要である。ただし共済に加入するだけのために高年齢の方が形式的な学生（研究生など）資格を取得することは想定されていないと思う。

る。代表的な団体は、全日本火災共済協同組合連合会（日火連）で、全国の火災共済協同組合を通して、火災共済を主軸として、生命、傷害、自動車などの共済商品も提供している。

　これらの協同組合共済は、一般に事業協同組合共済とも呼ばれ、それぞれの事業において着実に根をはっている団体がいくつかある。日火連のほかに、交通共済協同組合連合会（交協連）、中小企業福祉共済協同組合連合会（中済連）、全国自動車共済協同組合連合会（全自共）などがあり、交協連と全自共は、自動車共済を提供し、中済連は生命共済を提供している。

　これ以外にも事業協同組合共済として、開業医共済協同組合は「開業医共済休業補償制度」という共済を提供している。この団体は、全国の保険医協会が自主共済として行ってきたものを、保険業法改正により根拠法のない共済として存続することができなくなったため、中小企業等協同組合法にもとづいて開業医共済協同組合として事業を継承したものである。連合会組織をとらず各地の保険医協会を代理店として事業を行っている。

　以上のように一般消費者が加入できない協同組合共済ではあるが、事業者に共通な基盤をもとに共済を展開する事業機会を捉えたものである。その意味でも、根拠法として中小企業等協同組合法は重要な法律だといえる。

（4）　特別法によらないその他根拠法による共済

　特別法によらず根拠法による共済が依拠する法律は、農業協同組合法、水産業協同組合法、消費生活協同組合法、中小企業等協同組合法の四つが主要なものである。これら以外にも「共済」という名称の事業を行う組合を設立する根拠法がないわけではない。

　所得税法（財務省）を根拠法とする「法人会」が提供する「特定退職金共済」というものがある。これについては、法人会自体が共済事業を

行っているのではなく、受託した保険会社が運営しているので、「特定
退職金共済」というのは商品の名称として「共済」という用語を用いた
ものと考えるべきであろう。これ以外に、ＰＴＡ・青少年教育団体共済
法（文部科学省）のもとで行われている事業に「共済」という名称が使わ
れている。たとえば、公益社団法人全国子ども連合会は、「全国子ども
会安全共済会」を提供し、公益財団法人ボーイスカウト日本連盟は、
「そなえよつねに共済」を提供している。また全国のＰＴＡの団体が、
ＰＴＡ連合会共済事業などを行っている。これらは子ども会活動などに
ともなうケガや賠償リスクを保障し、健全な活動が委縮しないようにと
いう目的で実施されているものである。

　公益財団法人などが民間保険会社に委託するという仕組みは以上の
「共済」と同じであるが、「共済」という用語を使わずに、「保険」と称
するものもある。たとえば、公益財団法人日本国際教育支援協会が仲介
している「学生教育研究災害傷害保険」（学研災）などがある。この保険
は、学生が研究活動中に被った災害に対して保険であり、実損填補が特
徴である☆42。

　以上の「共済」は、民間保険会社が受託するものであるため、その実
態は「保険」である。そのなかで、名称として「保険」と称するものも
あるが、「共済」が用いられているものもあるというのが現状である。
受託保険会社が「共済」という言葉を使うのは、前述した戦前の「戦友
共済」と同様に、保険会社の本体とは切り離して、独立した共済団体と
して事業を展開するためである。このビジネスモデルは、P2P保険と共
通している。すなわち保険会社が一定の管理費を徴収して、「共済団

☆
42　大学生協共済の提供する学生総合共済との大きな違いは、実損填補であるかどうかとい
　うことである。また学生総合共済が学生生活と学業の維持を中心に組み立てられた共済商
　品であるのに対して、学研災は、大学のリスクマネジメントという観点が強調されている
　点であろう。

体」を管理するというものである。P2P保険の場合は、ITを使って加入者間の透明性を提供している点が特徴である。

(5)　まとめ－概念の整理－

　共済という用語は、多様で幅広く使われているので、ここまで読み進まれて、読者は少し混乱されているかもしれない。そこで、本章を結ぶにあたって、共済という商品を提供する団体について概念整理をする。共済という商品を提供する団体を理解するには、団体名称に着目するのが簡便だ。最初に団体の名称による区別から始めたい。

（ア）　団体の名称による区別とその他の分類

①　共済会

　「共済会」という団体は、基本的には共済を直接提供せず、共済に関連した福祉サービスを提供する団体、あるいは関連の共済組合や共済協同組合を通して共済を提供する団体だと考えてよい。

②　共済組合

　「共済組合」という名称は、国家公務員共済組合のように、特別法に根拠をもつ団体に使われる。ただし特別法によるものがすべて「共済組合」という呼称であるわけではなく、独立行政法人の名称には「共済」がなく、提供する「商品名」に共済の名称がついているものもある。

③　共済協同組合

　「共済協同組合」という団体は、いずれも根拠法をもった認可共済である[43]。これらの団体の提供する共済を一般に「協同組合共済」と呼んでいるが、大規模な団体は、実質的には「協同組合保険」といってよい存在である。

　協同組合共済にも様々な違いがある。協同組合の事業の主体がもっとも大きな相違である。農業者や漁業者のような生産者による協同組合共

---

[43]　生協法による共済協同組合だけは、共済生活協同組合という名称を用いている。

済、労働組合による協同組合共済、地域の消費者による協同組合共済、学生・父母および教職員による協同組合共済、中小企業事業者等による協同組合共済など様々な共済が提供されている。

協同組合が組合員のために提供する共済事業ということから、組合員でない人は原則として共済を購入できない。たとえば、生協のある大学に合格して入学しないと、原則として大学生協の共済に加入することはできない。また、大学の学籍を失えば、大学生活協同組合から退会し、原則として共済を継続することはできない☆44。

④ その他

商品名が「○○共済」となっていて、斡旋元が共済組合でも共済協同組合でもない場合は、特別法によって設立されている独立行政法人によるものがほとんどである。この場合は、名称が「共済」となっているが、実際には保険会社が受託しているものがほとんどと考えて差し支えない☆45。

消費者が共済団体の性格を把握するにあたって、以上のように、団体の名称から識別する方法はいたって便利である。この識別方法をもとに、各団体のウェブサイトの情報を収集することによって、共済団体に対する知識を深めることができる。さらに次に述べる三つの識別によっても別の角度から共済の多様性を理解できるものと思う。

（イ） 二つのタイプの共済協同組合

共済事業は、提供する団体の性格に影響されている☆46。協同組合が

☆──────────────

44　実務的には、学籍を失ったとたん共済契約が無効となるほど、血も涙もないわけではない。組合員資格を継続すれば、つまり出資金の返還を猶予すれば、共済期間終了までは共済サービスが継続するようになっている。

45　戦前の「共済生命保険会社」のように、共済団体ではないにもかかわらず、組織・団体の名称の一部として「共済」という用語を用いる場合がある。たとえば、日本保健医療大学を経営する学校法人共済学院は、「共済」という名称を用いているが、建学の理念として「共存共栄の精神（共済主義精神）」を重んずることから「共済」という名称を使っている。（学校法人共済学院のHP参照：http://www.jhsu.ac.jp）。

母体となる協同組合共済にも様々な特徴の相違がみられる。大きく分ければ、購買型協同組合と共済型協同組合の違いがある。たとえば「CO・OP 共済」と「学生総合共済」は、購買型の協同組合による共済商品である。前者では地域生協、後者では大学生協が募集代理店の機能をはたしているが、これらの購買生協の存在を前提に共済が成立していると考えられる。すなわち組合員に対するサービスの一環としての共済事業が展開されているという位置づけができる「共済」である。JA 共済も母体となる協同組合が農家への信用事業や購買事業を提供し、これらの活動が「共済」の基礎となっていることから、購買型の協同組合であるといえる。

　他方、「こくみん共済 coop」や「県民共済」などは、共済型協同組合という性格が強い。全労済および全国生活協同組合連合会ともに、共済の提供ということを主な事業目的として設立された協同組合であると思われる☆47。

　消費者にとって、購買型と共済型のどちらがよいかということについては簡単に結論づけることはできない。協同組合という活動により深くかかわる可能性があるのは購買型だが、現代社会においては、共済サービスだけが欲しいという消費者もいるので、共済型を好む人もいる。このような相違があることも、保険とは異なる共済の多様性を示すものといえる。

（ウ）　生活協同組合の事業の地域展開と全国展開

　消費生活協同組合法（生協法）は、生活協同組合の設立の根拠となる法律である☆48。生活の場は地域なので、基本的には生活協同組合は地

☆────────────

46　これに対して、保険会社は、一般的に市場（マーケット）に強く規定されている。

47　全国生協連の母体となった埼玉県民共済では紳士服などの購買事業をしていたが、現在は（株）県民共済総合サービスが行っているようである。（http://www.saitama-kyosai.or.jp/ 2021 年 3 月 31 日閲覧）

域生協としてしか設立できない。たとえば、「CO・OP 共済」を全国の
地域生協が契約しようとすると、地域生協が元受けし、全国的な再保険
組織に再保険する必要がある。しかし地域生協間の規模の相違を考える
と、すべての地域生協が元受けできるだけの財務基盤をもっているわけ
ではない。連合会組織はそのような困難を解決し、また全国的な事業展
開をするために設立されている。具体的にいえば、日本生活協同組合連
合会（日本生協連）を構成する地域生協が、日本コープ共済生活協同組合
を設置し、その連合会として、日本コープ共済生活協同組合連合会が、
全国の共済を元受けするという仕組みである。コープ共済に限らず、共
済の連合会組織の存在は、地域から地域への組合員の移動があっても、
共済サービスを継続利用できるような利便性を提供する。生協共済は、
一般的に地域生協としての事業の限界をもっているが、連合会組織に
よって全国展開することによってその限界を解決しているのである。

　全国生協連（都道府県民共済グループ）も連合会による共済元受け組織
である。ただしかつては少数だが県民共済が実施されていない県があっ
た。そのため、県民共済のない県に引っ越した場合は、引き続き共済
サービスを受けることができなかった。しかし最近全国展開がなされ
た。また神奈川県だけは、「県民共済」ではなく「全国共済」という呼
称なので注意が必要であるが、神奈川県の「全国共済」が、他の「県民
共済」と異なるわけではない。

　全国的に事業を展開していない独立系の生協共済も存在する。神奈川
県民共済生活協同組合による「神奈川県民共済」☆49 や愛知県共済生活
協同組合による「ライフ共済」などが知られている。このような独立生
協系共済は、全国各地に数多く存在している。京都市民共済生活協同組

☆

48　昭和 23 年 7 月 30 日法律第 200 号。

49　全国生協連が神奈川県だけ「全国共済」という呼称を用いるのは、すでに「神奈川県民
　共済」が存在しているためである（前掲注 39 参照）。

合は「火災共済」、福井県地域共済生活協同組合は「生命医療共済」、長
崎医療共済生活協同組合は「生命医療コース」という共済を提供してい
る。このほか、各地に「生命共済」を提供する共済生活協同組合が存在
する。連合会による全国展開の共済生活協同組合のほか、地域に根差し
た共済協同組合が地域の人々の共済サービスを提供している。このよう
に生協法は、地域生協が共済事業を単独でも行うことも許すことが特徴
だ。組合員の移動について生じる不利益を無視すれば、地域に密着して
独自の共済サービスが提供できる可能性があり、このあたりにも共済事
業の多様性という特質が感じられる。

（エ）　商品名による区別には注意

　団体名称と異なり、共済の商品名で共済団体の特徴を判別することは
不可能である。共済会は元受団体ではないが、「〇〇共済」を斡旋して
いる。共済組合も「〇×共済」を提供し、共済協同組合も同様に商品名
に「共済」を用いている。したがって、商品名の「共済」については、
概念において幅のある言葉であると理解すべきであろう。

　極端な例をあげれば、法律によって「保険」という名称を用いること
ができないため「共済」と称している場合がある反面☆50、「福利サービ
ス」のことを「共済」と称している場合もある。賢明な消費者は、名称
に惑わされず共済規約（その他説明書）に書かれた内容を読んでその特徴
を理解する必要がある。

☆

50　たとえば、全労済の提供する自賠責共済は、実質的には自賠責保険と変わらない。なぜ
　「保険」でないかといえば、共済団体の提供する商品には「保険」の名称を用いることが
　できないという単純な理由である。

第2章

共済と保険の相違を
理論的に考える

✧保険研究は経済学と法学による学際研究分野である。

✧共済研究も保険研究に似ているが、学会および理論研究で必ずしも同等な状態ではない。

✧保険法が共済に対しても適用されるようになったのは、同じような機能をもつ商品に対する消費者保護の観点からであった。

✧共済と保険の相違を認識するためには、機能論的なアプローチが有効である。

✧消費者は将来の財産の変動を回避するために保険を購入する。

✧保険(リスク)の原価は、損失の期待値(期待損失)である。

✧消費者が期待損失に付加保険料が加算された価格でも保険を購入するのは、リスク回避をしたいためだ。

✧リスク回避型、リスク愛好型、リスク中立型という3つの効用曲線がある。

✧家計、企業は、リスク回避型の効用曲線をもつ。なぜなら、リスク(財産や価値の変動)の存在は、財産の価値を減価するからである。リスクはコストなのだ。

✧期待効用仮説によれば、リスク回避型の効用曲線をもつ経済主体は、所得の期待値に相当する期待効用を得るために一定のコストを支払ってもよいと考える。このコストのことをリスクプレミアムという。

✧リスクを引き受ける団体は、合理的な保険価格とリスク分散の仕組みにより、契約者に対する将来の保険金支払いを確かなものにする。

✧自由で競争的な保険市場を前提にした場合、保険料を構成する要素は、期待損失、運用利回り、事務経費および資本調達コストの4つである。この4つの要素のみで構成される保険料のことを公正保険料という。

✧プーリング・アレンジメントの効果は、57ページの図に示されているように、リスクプロファイル(分布の形状)を変えることである。

✧プーリング・アレンジメントにより、軽減されるのは、期待損失ではなく、1件当た

りの期待値まわりの変動(バラツキ)である。

✧保険会社のリスク分散とは、大数の法則による期待値まわりの変動が小さくなることである。

✧保険契約者に対する責任、すなわち保険負債は、保険数理的に安全マージンをとって計算された責任準備金を積み立てるという方法で対応されてきた。

✧保険負債は将来の保険金支払いの割引現在価値であるという考え方から、保険負債を動的に計算する方法が試みられ始めている(経済価値ベースのソルベンシー規制)。

✧保険の機能は、自由で競争的な市場を前提にして理解できるが、だからといって監督規制の必要がないというわけではない。市場を有効に機能させるために必要な規制があり、そのためには一定の監督が必要である。

✧機能論的な保険理解を前提とした上で、共済の特徴を考えると、保険の前提となっている市場の規律が共済にどの程度及んでいるのかが重要。

✧共済によっては、情報の非対称性によるインセンティブ問題が保険ほど深刻でないものがあり得る。

✧保険の場合、保険市場の効率性が重要な指標となるが、共済の場合は保険と同様な意味での市場の効率性は課題とならない。

✧公正保険料の資本調達コスト(profit loading)において、保険と共済とは大きな相違がある。

✧組織論的な観点からみると、わが国の共済には、協同組合保険と称してもよいような存在から、協同組合共済とすべき共済まで多様に存在している。

✧運動論・理念論による共済と保険の区別は、歴史哲学的な未来像が失われている現在において力を失っている。これらが再生するとしたら、機能論的理解と組織論的理解を前提として、運動の目的などが明らかになったときであろう。

2.1 はじめに─保険研究と共済研究

　保険の研究は、経済学と法学という二つの側面から行われる。前者は、経済モデルにおいて保険の機能を明らかにしようとするものであり☆1、後者は保険契約という法的な面に関連する法律実務的な問題意識をもつものである。

　前者には理論的な研究と実証的な研究がある。理論研究には経済数学的なものから、経済学をベースとして保険の価格付けや需要・供給などを理論的に明らかにするものまで様々である。実証研究は、他の分野のそれと同じく、一定の仮説を検証するために、保険データを利用して計量分析を行うものが多い。この分野の研究は、海外の学会で行われることが多く、学会の一例をあげれば、ARIA（American Risk and Insurance Association）やそのアジア太平洋版であるAPRIA（Asia-Pacific Risk and Insurance Association）などがある。

　法的研究は、契約実務に関する研究をはじめとして、制度的な研究および歴史的な研究がある。この分野は、法学者や商学研究者が交流する学際的な分野であるといえる。そのため保険関連の裁判の判例研究から、商品論、マーケティング論まで様々な研究が存在する。日本保険学会は、法学および商学の分野の研究者の団体であり、保険の実務に強い関心をもつ伝統のある学会である☆2。

　保険については、以上のような研究の広がりと学術学会が存在する。

☆
1　経済学の保険研究はこれ以外に制度論的な研究やマルクス経済学による研究がある。本章では、保険の機能を中心に考えるので、他のアプローチには言及しない。
2　日本保険学会以外にも、アクチュアリーという専門職集団の団体であるアクチュアリー会や保険数理から金融ファイナンスなどの研究者が集まる学術団体の日本保険・年金リスク学会（通称 JARIP）などがある。

これに対して、共済については、十分なカウンターパートがない。日本共済協会および各種共済の研究所において熱心な研究活動が行われ、いくつかの機関誌（研究誌）が発行されている[3]。にもかかわらず、経済学をベースにした保険の理論に相当するような共済の理論は出現していない。法的・制度的な研究領域では、数多くの豊富な研究が発行されており、協同組合学会が存在するが、共済学会は存在しない。

　本書では共済と保険は、消費者に対してほぼ同じ機能を提供するものであると考えている。保険法は、保険契約を規律するルールであるが、このルールは共済であっても保険であっても共通であるとされている。たしかに消費者からみれば、保険も共済も、保険料（掛金）を払えば、保険（共済）事故が起きた場合に保険金（共済金）が支払われる契約である。共済であるからといってことさら違うものではなく、機能だけを取り出してみれば、保険と何らかわりはない。

　よって共済と保険の比較研究を行おうとする場合には、まず最初にそれぞれの機能と組織を切り離して考えることが有効だというのが本書の立場である。なぜなら、組織の理念は、共済の商品設計の思想に影響を与えるが、共済の機能そのものに直接影響を与えるわけではないからだ。

　そこで、共済を理論的に考える場合には、保険理論が共済にも同じ前提となっていることを踏まえた上で、両者の商品設計の相違について検討していくのが賢明であろう。本章では、最初に保険理論を中心に説明し、その上で、保険と共済の違いを考察する。本章の構成は次のとおりである。2.2 と 2.3 は、機能論的なアプローチと称して、保険の理論を紹介する。2.2 では消費者がなぜ保険を購入するのかということを、保険の理論から明らかにする。2.3 では、リスクを引き受けた保険会社が、

☆
3　日本共済協会から『共済と保険』、共済総合研究所から『共済総研レポート』、全労済協会から出版される各種報告書、研究会報告誌などがある。

保険の仕組みである、プーリング・アレンジメントによってリスク分散をはかっていることを明らかにする。その際に、リスク概念を明確にし、また保険の価格について理論的に明らかにする。2.4 では、保険の機能論的理解を前提として、共済に相違があるとしたらどのような点なのかということを検討する。ここで両者の相違の重要な規準となるのは、市場の規律が及ぶ程度と範囲ということである。2.5 では、機能論以外のアプローチ、すなわち組織論的アプローチと運動論・理念論的アプローチによって共済と保険の相違を論じる意義について考察し、本章の結びとする。

2.2 機能論的理解（1） 保険契約の世界

規制産業である理由

契約者からみた場合、共済契約は保険契約と同じ機能をもつ。まずカネの側面からみると、この契約では、保険料（掛金）と保険事故☆4 が生じた場合に支払われる保険金（共済金）とが交換される。つまり現在のキャッシュと将来のキャッシュを交換するような商品である。このようにキャッシュを転換する商品を、「金融商品」☆5 と呼ぶ。

契約者がなぜ保険や共済に加入するのかという保険需要の理論は後に論じることにして、ここでは「金融商品」を購入するための単純な条件について考えてみよう。現在のキャッシュと将来のキャッシュを交換す

☆

4 保険論では、保険事故は保険金支払いの要件であるとされる。「事故」は、英語ではイベント event である。ゆえに必ずしも「事故」でなくてもよい。たとえば、生存保険の保険事故は、被保険者の生存が保険事故である。

5 保険業界では、短満期の一時払養老保険のことを「金融商品」と呼ぶことがある。これは、保険業以外の提供する「金融商品」と利率の面で競争できる商品という意味であり、本文の「金融商品」概念とは異なる。

るのだから、将来のキャッシュの受取りが確実である必要がある。保険・共済に限らず、金融商品には押しなべてこの難問が存在するのだ。

　契約者が保険会社や共済団体を信頼するかどうかにかかっているが、この信頼にはちゃんとした裏づけ（コミットメント）が必要である。保険・共済だけに限っていえば、保険料が合理的に計算されており、かつ徴収した保険料を将来の保険金支払いのために確実に積み立てているのか、ということが重要である。これらがしっかり行われていることだけでなく、契約者に対して不誠実な行為を行ったり、契約者間の公平性を損ねたりすることを防ぐために規制監督が存在することにより、契約者の保護が実質化されている。保険・共済をはじめとして、金融商品を販売する、いわゆる金融業が規制産業であるのは、こういった理由なのだ。

消費者保護と新保険法

　保険・共済の規制の目的は、一義的には契約者保護にある。また契約者にとって、保険であれ共済であれ、「金融商品」であることは変わりない。よって両者の契約を規律するルールは同一であることが、消費者保護の観点から望ましい。平成22年に施行された新保険法によって、保険も共済も同一の契約を規律するルールが採用されることになった。

　そこで新保険法の特徴を簡単に述べておこう。保険契約を規律する従来のルールは、保険約款を中心とする考え方であった。保険契約を規律するルールは、商法の一部に存在していたが、それはある種のモデル約款であり、保険会社が独自の約款を用いない場合には、モデル約款が用いられるというものだった。このようなモデル約款の存在することに保険会社の約款作成の過程で必ずそれを参考にするため、一定の重要性があったことは確かである。

　新保険法は、従来の規律のあり方に一歩踏み込んだものとなっている。同法では、規定によって強行規定、片面的強行規定を設けた。強行

規定はいうまでもなく、各社の保険約款において変更できない規定であるが、片面的強行規定は、保険契約者、被保険者などに有利な変更は認められるがそれ以外の変更は認められないという規定である。この両者以外の規定は保険会社が自由に変更できるものである。

保険約款は金融庁が認可し、共済規約についてはそれぞれの監督官庁が認可を与えるが、新保険法による強行規定・片面的強行規定という契約の規律付けがすべての保険・共済商品に対して行われることになっている。

共済の特徴の維持

新保険法の施行によって、共済商品の特徴が失われてしまうのではないかと危惧する声があった。また新保険法の施行の背景には、保険資本が共済を封じ込めようとする意図があるのではないかという疑念も表明されていたようだ。

しかし新保険法の強行規定・片面的強行規定が、保険契約あるいは保険会社だけに利益を生み出す性質のものではないことは明らかである。新保険法の規定のある種の中立性によって、これらの危惧や疑念は晴れるものと信じている。

新保険法の施行によって、共済商品の特徴が維持できなくなるのではないかという心配があったのも事実である。たとえば、共済金支払いの履行期間のルール☆6 について、ある種の共済商品によっては、早期の支払いはかえって遺族に対して失礼であり、遅くてもよいので「心のこもった」受け渡しが大事だというケースがあった。その場合、契約にお

☆
6 保険金（共済金）支払い請求があってから支払いを履行するまでの期間を約款に明記するというルールが定められた。支払いに関して疑義がある場合には、請求者に通知して履行を延期することができるが、その場合も無期限というわけではない。なお履行期間を過ぎた場合は、日数に応じて法定利息を支払う義務が生じる

いて履行期間を長く記載することで対応することも可能であった☆7。

　共済契約において保険契約と同じ契約上の規律が働くことになったが、この規律はあくまで消費者保護という立場からのものである。約款の自主性の根本まで立ち入ったものではない。たとえば、共済規約による共済金変更については、共済という組織の特徴として新保険法では記載されていない。つまりこれらの規定については、自主的に定めてよいということだ☆8。

　さらに共済の場合、監督は厚生労働省や農林水産省など様々であり、協同組合の特性を生かした共済サービスの提供が許される環境にある。商品の認可は、各監督省庁であるため、それぞれの特徴を生かした弾力的な商品が生まれる可能性がある。共済団体は、保険市場で保険会社と競合する共済商品ばかりでなく、組合員の身近にあるニーズを掘り起こしていく意欲を保てば、共済商品としての特徴が消えることはないはずだ。

消費者保護と契約者保護のはざまで

　保険法の規律が消費者保護の一環として金融商品に関する規律を定めるものであったことは、これまでも述べたとおりである。ここで少し考えてしまうことがある。それは保険会社の対応する消費者と共済団体の

☆────────────

7　しかし問題は、他の会社や団体と履行期間の比較が生じ、自分の団体だけが履行期間を長く記載することは「競争」上、難しいというものであった。実務的に悩ましいところである。めったにあることではないので、履行期間を他に合わせておいて、あえて履行期間を超えた利子を加えてお支払いするという方法もあり得る。これは脱法行為ということまではいえないと思われる。

8　保険会社については、相互会社の保険金削減規定が存在していたが、保険業法改正の折に削除された。よって共済金削減規定に対応するような規定は保険会社にはない。ただし、その後、保険会社の破綻法制の一環として、相互会社にかぎらず株式会社にあっても、破綻時にあっては予定利率の引き下げを認められる法制が通過しているため、実質的には、保険会社も保険金削減規定が復活しているといってよい。ただし、この法制の前提として、保険契約者保護機構のような契約者保護のためのセーフティーネットの存在があることも忘れてはならない。

対応する契約者のあいだの相違である。

　保険会社は不特定多数の消費者に保険商品を販売するが、共済団体は基本的には組合員を契約者として加入をお願いするものだ。現実には、JA 共済やこくみん共済 coop のように保険会社と比べて遜色のない規模の共済団体もある。また員外加入が認められている場合もあって、不特定多数の消費者を相手にするという理解に対してそれほど大きな違和感は生じない。しかし、たとえば大学生協共済のような購買型生協の提供する共済サービスについては、不特定多数の消費者というのは違和感がある。

　たとえば、コンビニではお客様であるが、大学の購買部では組合員である。お客様でなく、組合員が契約者となるのだから、「お客様は神様だ」というサービスではなく、「契約者も組合員だ」というサービスを試みても不思議ではない。保険法に異を唱えるわけではないが、共済にあっては、「消費者」保護ばかりではなく、「組合員」保護であるということを忘れてはならない気がする。

なぜ保険を買うのか—保険の需要に関する理論

（1）　財産の変動の回避

　保険の機能論的アプローチを具体的に展開していこう。保険・共済は、現在のキャッシュと将来のキャッシュを交換する金融商品であるゆえに、法的規律に縛られ、また監督規制に服しているという話を前述した。ここからは、そのような制度的条件が備わっていることを前提にして、消費者はなぜ保険を購入するのかということについて簡単に考える。保険需要の理論なので、純粋に保険や共済が提供する金融商品というサービスに限定して考える。そのため、保険会社の営業職員の方が魅力的であったとか、共済の理念に共鳴したとかいった理由は、ここでの考察の前提から外して考える。

　保険を購入する消費者の動機は様々であるかもしれないが、保険という商品の購入により得られることは、万が一の場合に保険金が給付されることである。養老保険のような生命保険の場合には、自分のための貯蓄保険料を含む。そこで、保険の需要理論をより正確に考えるためには、損害保険を取り上げるのがよい。

　自動車保険を購入すると、自動車保険で事故があった場合に生じる損害が保険金によりカバーされる。同じことを別の言い方で表現すれば、今、保険料というキャッシュを保険会社に支払っておけば、将来ある一定の確率で起こり得る自動車事故の損失によって支出しなければならないキャッシュが填補されるのである☆**9**。

　自動車保険を購入しない消費者と購入した消費者を比較すると、将来の財産状態は次のようになる。

《自動車保険購入による将来の財産の状態》

	事故が生じない場合	事故が生じた場合
自動車保険購入せず	$F_1 = F_0$	$F_1 = F_0 - Z$
自動車保険を購入	$F_1 = F_0 - P$	$F_1 = F_0 - P - Z + Z'$

初期財産$= F_0$、保険料$= P$、事故による損失$= Z$、将来の財産$= F_1$、保険金$= Z'$

　自動車保険を購入しない場合は、事故が生じないときは、保険料（P）を支払わなかった分だけ「得をする」が、事故が生じた場合は事故による損失（Z）を自己の財産から支払わねばならない。これに対して、自動車保険を購入すると事故が生じない場合は、保険料（P）を支払った分だけ「損をする」が、事故が生じた場合は事故による損失（Z）を保険金（Z'）で填補してくれる。

☆─────────────

9　このように自動車保険も、今のキャッシュと将来のキャッシュを転換するという意味で「金融商品」なのである。ただし将来のキャッシュは確率論的に決定されるため、無事故の場合にはキャッシュが給付されない。損失が生じないからその必要がないからである。

　この事例から明らかなように、保険を購入すると将来の財産が安定化する。事故による損失を実損填補する保険を購入するならば、購入者は事故があっても事故がなくても、同じ財産状態を得ることができる。つまり事故が生じない場合は、（$F_0 - P$）円の財産、事故が生じた場合でも、$Z = Z'$ なので（$F_0 - P$）円の財産ということになる。このことから、自動車保険の購入者は、保険料というコストを払って、将来の財産の安定を購入したといえる[10]。これを別の言葉で表現すると、消費者は財産の変動（ボラティリティ）を回避するために保険を購入したものといえる。

（2）　保険商品の原価と保険の二大原則

　一般的にいえば、消費者は財産の変動を好まない。読者の方で、自動車保険を購入しないという選択をする方は少ないものと思われる。他人の財産ならともかく、自分の財産を大きな変動にさらすことを好む人は多くない。自動車保険の購入しない人がいるとしたら、絶対に自動車事故を起こさないという人か、保険料（P）が高すぎると考える人かのいずれかだろう。しかし絶対に事故を起こさない自信のある人はほとんどいないだろう。これに対して、保険料が高すぎると考える人がいる可能性がある[11]。

　保険の需要についてより深く理解するためには、後者は重要である。保険の需要の「本質」に迫る前に、このことについて少し立ち入って考えてみよう。保険の場合、全部保険以外に部分保険という契約があり得る。保険料が高いと感じた場合には、保険を一部だけ購入する方法がある。この判断は、消費者の何に依存するのだろうか。経済学の仮説に、消費者のリスク回避度に依存するというものがある。この場合の「リス

10　自動車保険には、示談代行サービスをはじめとして、契約者にとって様々な有効なサービスがある。ここではこれらのサービスがなかったとしても消費者が保険を購入する動機を探っている。

ク」は、いうまでもなく「変動性」のことだ。つまりリスク回避度とは、財産の変動を嫌う度合のことである。リスク回避度の高い消費者は、保険料が高くても保険に加入するが、リスク回避度が低くなるにつれて、一部保険を経て無保険に至るというのである。

　さらに遠回りになるが、保険商品の原価について考えておきたい。他の商品と同様に保険にも原価がある。原価とは、取引等に関するコストをゼロと仮定した場合、それ以下の価格で販売すると赤字を生じる「価格」である。保険の原価を考えるにあたって、二つの保険の原則を取り上げて検討してみよう。保険論の教科書には、$nP = rZ$ という式で示される「収支相等の原則」が必ず登場する。P は保険料、Z は保険金、n は契約者数、r は保険事故が生じた人の数である。この式の意味するところを記述すると、左辺の保険会社の徴収保険料総額と右辺の保険金支払総額が一致するということである。この式が不等号で結ばれた場合、左辺が右辺より小さければ保険は破綻し、逆だと契約者が保険料を払いすぎていることから、契約者の保険離れが生じることになるだろう。

　この原則の式の両辺を n で割ると、$P = r/nZ$ という式になる。r/n は、保険事故の起きた人の割合である。これを事故確率 w とすると、$P = wZ$ という式となる。保険論の教科書では、これを「給付反対給付均等の原則」と呼ぶ。式の意味を記述すれば、保険料は、保険金額に事故率を乗じたものであるということだ。この原則の含意は、契約者が、万が一保険金を得ることになる「給付」（右辺）とそれに対する保険料という「反対給付」が等しいことが、翻っては収支相等の原則を成り立たせるものであるということである。

☆━━━━━━━━━━━━

11　「高すぎる」という場合、何に対して高すぎるのかを考えておく必要がある。たとえば、若者のバイク事故が多いためその保険料は、他の年齢に比べて高めになる。若者のバイク保険の保険料が高すぎるというのは、若者の購買能力に対して高いということである。本文では、消費者の購買能力に対して高すぎるということではなく、むしろ消費者が予想する確率を踏まえた将来の損失に対して提示された保険料が高すぎるということである。

　この二つの原則の説明において、二つの要素が捨象されていることに気をつけていただきたい。第一の要素は、付加保険料が含まれていないこと。そして第二の要素は、保険事故が確率分布するものと想定されていないことである。

　本書においても、ここまでは漠然と「保険料」と表記してきた。しかしここからは保険料が純保険料と付加保険料で構成されているものと考えることにしよう[12]。純保険料は保険の原価のことだ。給付反対給付均等の原則におけるPは保険の原価に相当する。消費者は原価で価格を提示されれば購入しないものはいないはずだ。しかし現実的には、付加保険料がゼロであることはないので、ここの式に付加保険料Aを加えると、$P < wZ + A$となる。付加保険料の存在が二つの保険原則の成立を危うくしてしまうのだ。

　そこで「なぜ保険を買うのか」という問いは、「付加保険料の存在にもかかわらず消費者はなぜ保険を買うのか」という問いに言い換えることができる。つまり$P < wZ + A$であるはずなのに、$P = wZ + A$となるのはなぜなのだろうか。原価を上回る価格であっても、消費者には保険を購入する理由があるはずだ。この理由を説明するのが前述したリスク回避度であり、経済学の期待効用仮説である。

（3）　リスク回避・愛好・中立

　保険が原価（期待損失額[13]）で提供されれば、リスク回避度に関係なく、保険市場のすべての消費者は全部保険を購入するはずである[14]。このように保険のニーズをもつ消費者が100%需要を満たせる市場のこ

☆————————————————

12　近代経済学の公正保険料の理論における用語法だと、後述（2.3参照）のように純保険料を割引期待損失額 discounted expected loss とし、付加保険料を 経費付加保険料 expense loading と 資本調達付加保険料 profit loading の二つに分けて考えるが、当面の説明では、単に純保険料と付加保険料としておく。

13　純保険料としてもよいが、経済学での説明の場合は、「期待損失額」あるいは「損失の期待値」という用語を用いて説明する。

とを、近代経済学では効率的な保険市場であると考えている。この状態に付加保険料が加わると、効率的な市場は制約されることになる。つまり、原価（期待損失額）に対する付加保険料の割合が高くなればなるほど、消費者は保険需要を減退させ、全部保険から一部保険となり、最終的には無保険となる。このように付加保険料の存在は、保険需要に対して抑制的な影響を及ぼすのである[15]。

　ところで、消費者の立場からいえば、そもそも期待損失額を正確に知っているわけではない[16]。だが、このことはすべての消費者に一律にいえることなので、需要決定の要素としてはひとまず捨象できる。そこで考慮すべきことは、それぞれの消費者がどのくらいのリスクを許容できるのかという程度である。（1）で示した事例にさかのぼっていえば、将来の財産の変動についてどの程度まで許容できるのかと言い換えることができる。将来の変動を嫌う程度のことをリスク回避度という。リスクに対する態度は、リスク回避だけでなく、リスク中立、リスク愛好をあわせて3つのタイプがある。

　この3つの態度は、図で示すとわかりやすい。

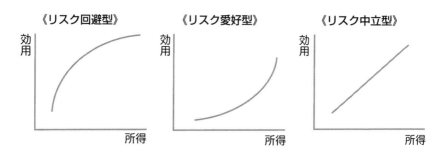

《リスク回避型》　　《リスク愛好型》　　《リスク中立型》

☆
14　この記述は、消費者の中にリスク愛好家がいないという前提としている。
15　保険ニーズを十分に引き受ける状態の市場を100％効率的な保険市場であるとすると、付加保険料の存在は、保険市場の効率性を制約する要素となる。この状態を付加保険料の存在がリスクの保険可能性（insurability）を制約しているという。
16　保険会社も、過去のデータによって確からしい期待損失を推測することはできるが、あらかじめ期待損失がわかっているわけではない。

　これら3つの図は、縦軸に効用、横軸に所得をとったグラフで、所得の変化にともなう効用の変化を示す、効用関数である。最初のリスク回避型効用関数の形状は、所得が少ないときは所得一単位増加した時の効用一単位の増加が大きいが、所得が大きくなるにしたがって、所得一単位増加した時の効用一単位の増加の割合が小さくなっている。このことを単純に説明すれば、1万円しか所有していない時に1000円もらったときの効用（喜び）が、100万円所有しているときに1000円もらった時の効用（喜び）よりも大きいことを意味する。このことは直観的に理解しやすいだろう。

　これに対して、リスク愛好型の効用関数は、所得が大きくなればなるほど、所得一単位の増加に対する効用一単位の増加が大きくなる。

　リスク回避型でもリスク愛好型でもない場合を、リスク中立型という。グラフに示せば、直線となる。すなわち所得1単位を増加させた場合の効用1単位の増加の割合が、所得額の如何にかかわらず変化せず一定である。

　これら3つのリスクに対する効用曲線を要約すると、次のとおりである。所得1単位の増加に対する効用1単位の増加率に関していえば、手持ちの所得が小さい時と所得が大きい時とで変わらないのがリスク中立的。所得に対する効用の増加率が、所得の小さい時が所得の大きい時よりも大きい場合はリスク回避型で、その反対はリスク愛好型である。

　ここで、読者の皆さんがどのタイプの効用曲線をもっているのか確かめてほしい。上述の例をリスク愛好型に当てはめると、100万円所有しているときに1000円もらった時の効用（喜び）が、1万円所有している時に1000円もらったときの効用（喜び）よりも大きいことを意味する。このような実感を持つ人は多くないのではなかろうか。よって、通常の人は、リスク回避型の効用曲線であると考えて差し支えないだろう。

（4）　期待効用仮説

　前提となる説明に長くかかったが、個人や企業がなぜ保険を購入するのかということを説明する経済学の理論の解説に入りたい。次の図は、リスク回避者にリスクプレミアムが生じるメカニズムを示すものである。

《リスク回避者の効用曲線とリスクプレミアム》

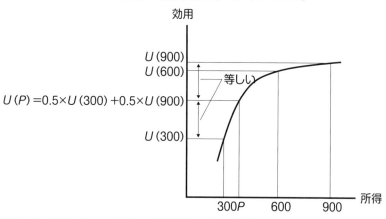

出典：米山高生『リスクと保険の基礎理論』（同文舘出版）46頁。

　横軸は所得である。単位を万円としておこう。900万円所有している時の効用をU（900）と示す。ちなみにUは、効用を示す英語のUtilityの頭文字。300万円の場合はU（300）である。ここで所得が、0.5の確率で900万円、0.5の確率で300万円となるような確率分布をしているものとしよう。所得の期待値は、900万円×0.5＋300万円×0.5＝600万円となる。では効用の期待値はどうなるのだろうか。期待効用をU（P）は、0.5×U（300）＋0.5×U（900）ということになる。

　次の図に示したようにリスク中立者の場合には、所得の期待値600万円に相当する効用となる。しかしリスク回避者の場合には、前の図のように期待効用U（P）は、U（600）よりも小さい。このことは、確実な600万円よりも確率分布する（バラツキのある）600万円の方が効用は小

さいということを意味する。すなわち、バラツキはリスクであるから、このような形状の効用曲線を持った人はリスクがあると期待効用が下がってしまうのだ。言い換えればリスクが嫌いだということである。

よって、所得の期待値に相当するU（600）に効用を近づけるためには、リスク（バラツキ）を小さくする必要があるが、そのための出費をしてもよいと思うはずである。そのための出費の最大の金額のことをリスクプレミアムと呼ぶ。言い換えれば、リスクプレミアムは、リスク（バラツキ）をやわらげて所得期待値に相当する期待効用に近づくならば、ここまで出費してもよいと思うおカネのことなのだ。図でいえば（600 − P）円がリスクプレミアムである。

《リスク中立者の効用曲線とリスクプレミアム》

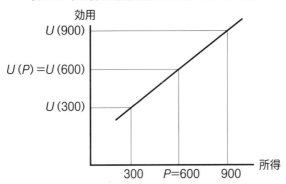

出典：米山高生『リスクと保険の基礎理論』（同文舘出版）47頁。

　消費者はなぜ保険を購入するのか。それは消費者がリスク回避型の効用曲線を持っているからである。リスク回避者は、所得の変動による期待効用の低下を埋め合わせるために、変動を回避して期待効用を高めるために、出費をする用意があるのだ。保険料が期待損失＋付加保険料であったとしても、付加保険料≦リスクプレミアムであるかぎりは、全部保険が購入されることになるというのが、経済理論で考える保険消費のロジックである[17]。

2.3　機能論的理解（2）　リスクと保険の世界

保険商品の特殊性と保険会社の責任

　これまでは、契約者の眼からみた保険・共済について考えてきた。続いて、保険や共済を引き受ける会社や団体の側から考える必要がある。というのは、保険業に独特のビジネスモデルがあり、他の産業、とりわけ製造業のそれとは大きく異なっているためだ。

　保険会社のビジネスモデルは、保険募集により調達した資金を、安全かつ有利に運用することである。すでに述べたように、消費者からみれば、保険は現在のキャッシュと将来のキャッシュを交換する「金融商品」である。これを保険会社からみれば、約束した将来のキャッシュを確実に支払うという義務を負うものといえる。

　他の金融商品と比べて保険商品の特別なことが二つある。第一に、将来のキャッシュ支払いが確率論的に決定されること、そして第二に、消費者のリスクを保険者が引き受けることである。

　保険会社のビジネスモデルの特徴を形成しているのは、この二つの要素であるといっても過言ではない。第一の要素についていえば、保険金の支払いは、保険金支払いのイベントである保険事故によって決定される。保険事故は意図的なものでないとすれば、偶発的なものであり、確率分布するものと捉えることができる。保険の価格は、過去の保険事故

☆──────────────

17　保険の需要理論については、すべてが市場を通した価格メカニズムで決定されるという大前提がおかれている。保険は、かつては義理や営業職員のプレゼントなどの価格以外の要素で購入されているといわれた時代もあった。また共済商品の場合は、保険ほど市場の規律が厳密に働かないものもある。そのため、ここでの説明は、そうした現実を理解するため抽象的な概念実験であると考えることができる。

のデータに基づき、確率論的に決定されるものであるという前提で計算することが可能である。保険契約者に将来のキャッシュを安全に返すためには、精緻な価格付けが必要とされる。またさらに将来必要なキャッシュを支払えるに十分なだけの積立金を確保する必要がある。これらについては、保険数理の発展および監督規制によって、契約者の安全が確保されることになる。さらに万が一、保険会社が破綻した場合に備えて、保険契約者保護機構のようなセーフティーネットも用意されている。

　第二の要素については、他の金融商品と著しく異なる。株式運用も投資信託もリスクを引き受けるのは消費者である。定期預金などはリスクが低いが銀行破綻のリスクは、ペイオフとされる1000万円以上については消費者が負っている。これに対して、保険商品は、消費者のリスクを保険会社が引き受けるのである。保険会社は、なぜリスクを引き受けることができるのであろうか。ひとことでいえば、保険がリスクを分散して軽減する仕組みをもつからである。

　この二つの要素が保険のビジネスモデルの及ぼす影響について項をあらためて考えてみよう。

第一の要素による保険のビジネスモデルの特徴：保険の価格

　保険の歴史を振り返ると、最初の保険の価格付けに成功したのは生命保険であった。簡単にいえば、生命表にもとづく生命保険料の計算が、科学的な保険料計算の始まりであった。一般的にいえば、年齢により死亡率が高まるので、信頼できる生命表が入手できれば、それぞれの年齢の保険料を計算することは比較的容易である。しかし保険料は年齢を重ねるにつれて上昇する。保険論の教科書では、これを自然保険料とよんでいる。実際のところ、毎年保険料が上昇するのは不便なので、一定の保険期間に応じて平準化した保険料を採用している。平準保険料では、保険期間の最初のうちは実際の死亡率よりも高めの保険料を徴収し、保

険期間の後半では実際の死亡率より低めの保険料を徴収することになる。

　損害保険の保険料の価格付けについては、生命保険ほど説得的な統計データと価格付けの手法は登場していない。損害保険、たとえば火災保険の歴史において協定料率という価格カルテルが登場するのは、保険の原価である損害の期待値の推計に各社でバラツキがあるためである。現代において損害保険の分野において、価格付けが相当程度に精緻化されているが、生命保険に相当するような確実な手法は表れていない。

　以上は、保険の原価である期待損失の推計に焦点を絞った記述である。しかし保険実務においては、保険は原価で取引がされるわけではない。そこで、保険理論では、保険市場が自由で競争的である場合に保険の価格が要素によって構成されるのかを考える。公正保険料（fair premium）という考え方である。

　公正保険料の理論では、保険の理論上の原価は、損失の期待値☆[18] を運用利回りで割り引いたものであると考えている。それは次のような理由による。近代保険は前払確定保険料式☆[19] であるが、保険料を前払いし、保険金は後に支払われる。その間、保険会社が保険料を預かることになるが、この間の運用利益は、保険会社のものではなく、契約者のものと考えるのが妥当である。よって期待損失を運用利回りで割り引いたものが、市場を前提に考えた場合の保険の原価である。これを「割引期待損失」あるいは「割引期待支払保険金」という。

　保険実務的には、さらに付加保険料がないと保険を提供することがで

☆

18　文脈によって「期待損失額」、「損失の期待値」などと表記することもある。また保険契約者側にたてば、「期待保険金額」、「保険金支払いの期待値」ということになる。

19　保険料 premium は、語源的にあらかじめ支払うおカネという意味だという。これに対して保険料が後払いであったり、確定せず追加払いの可能性があったりするものを賦課式保険と総称している。もっとも近代保険であっても相互会社のように、実費主義による事後清算がないわけではないが、確定保険料であり、かつ保険事故より前に払わなければならないという形式においては近代保険であるといえる。

きない。付加保険料を構成する要素は二つある。保険の引き受けに必要な事務経費等と保険債務の履行をより確実にするための資本の手当てである。英語では、前者を expense loading（経費付加保険料）[20]、後者を profit loading（公正利益付加保険料）[21] を呼ぶ。expense loading についてはわかりやすいだろう。この経費は、保険の引き受けに必要なものであるので、保険を必要とする契約者が負担するのが筋であろう。よって保険の原価である割引期待支払保険金に付加（loading）される。

次の profit loading については、少しわかりにくいかもしれない。保険の理論上の原価である損失の期待値は、過去のデータにもとづいた推計である。よって実現値が推計値と一致する保証はない。最悪の事態を考えれば、実現値が推計をはるかに超える異常値を示した場合、保険料積立金だけでは保険債務を履行できない。保険会社は、このようなことを回避するためには何らか手当を行う必要があるが、いずれにしてもおカネが必要なことはいうまでもない。典型的な手法は資本という手当である。次項にも関連するのだが、保険会社の資本の役割は、保険会社の破綻を防ぎ、契約者保護をはかるためであると考えることができる。資本は市場から調達するため、資金調達コストが必要である。このコストは、契約者保護のために付加されるものなので、保険を必要とする契約者が負担すべきである。よって原価である割引期待支払保険金に付加（loading）される。

以上をまとめてみよう。自由で競争的な市場を前提とした場合に決定される保険の価格のことを公正保険料という。大まかにいえば、公正保険料は、純保険料と付加保険料で成り立つが、純保険料は、理論上の保

☆

20 このほかに、管理運営付加保険料とも訳される。

21 定訳はないが。資本調達コストに相当するので、資本付加保険料としてもよい。公正利益とは、株主の出資に対する公正な報酬という意味であり、企業利潤という意味でないことに注意されたい。

険（リスク）の原価である損失の期待値を、運用利回りで割り引いた「割引期待支払保険金」である。また付加保険料としては、保険契約に必要な事務経費等の expense loading と予想を超える保険金支払いが生じた場合のバッファとして必要な profit loading で構成されている。よって公正保険料を構成する要素をわかりやすくいえば、損失の期待値、運用利回り、事務経費、および資本調達等のためのコストの四つであるといえる。次の図は、公正保険料の構造を図示したものである。

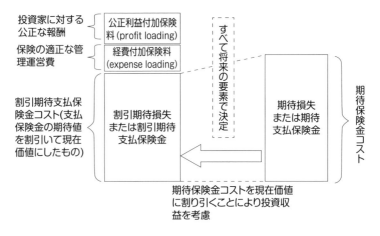

公正保険料は、保険のビジネスモデルの本質を明らかにする。消費者のリスク回避行動を前提としているので、付加保険料の存在が重要である。割引期待支払保険金（保険の原価）に対する付加保険料の比率が高くなればなるほど、保険需要は減退することになる。効率的な保険市場を達成するためには、効率的な事務運営や資本調達が必要となる。

なお公正保険料を構成する要素として、企業利潤が組み込まれていない。理由は、自由で競争的な市場を前提にすれば、公正保険料にさらに企業利潤を上乗せした保険会社は、企業利潤を上乗せしないでも保険契約を引き受けることのできる保険会社によって駆逐されてしまうからだ。よって保険会社が過去に生じた損失を取り戻すために公正保険料に

それを付加することはできない。公正保険料は、将来の要素によっての
み（forward looking）決定されるものである☆[22]。

　最後に、公正保険料の理論の生命保険への適用についてひとこと付け
加えておこう。生命保険の場合、公正保険料は、死亡保障 death
protection のみで成り立つ定期保険にもっともなじむ考え方である。養
老保険や終身保険のように、死亡保障が保険期間とともに減少していく
ように設計されている商品についてはそのまま適用できない。これらの
商品については、死亡保障部分にのみ公正保険料が適合すると考えると
わかりやすい。

第二の要素による保険のビジネスモデルの特徴：保険の仕組みとしてのリスク分散

　保険のビジネスモデルに影響を与える第二の要素は、保険商品が、消
費者から保険会社にリスクが移転される商品であるということである。
この特徴は、他の金融商品に一般的にみられることではない。

　そこで保険会社が大量のリスクを集中して大丈夫なのか心配する向き
もあろう。矛盾した表現を許していただければ、保険会社はリスクを集
めて、リスクを分散しているのだ。この表現を理解していただくために
は、リスクの概念について知ってもらう必要がある。

　リスクは、将来の不確実性にかかわることであるが、とくに損失に関
連する☆[23]。不確実な事象にはいろいろある。地球の生命などから、美
味しいコーヒーにありつく可能性など様々だ。ここでは、個人の厚生や

☆────────────

22　公正保険料の理論の世界では、個別保険会社の組織能力の相違が捨象されている。現実
の世界では、各企業は組織能力を高めることにより、「公正保険料」以上の超過利潤を得
ようとする競争が展開されている。この領域は、経済学というより、経営学の領域である。

23　宝くじのように将来の利得だけにかかわる不確実性のことは「リスク」と呼ばない。こ
の文脈でいえば、「リスク」の反対語は「チャンス」である。

企業の価値に関連する不確実性に限定して考える。言い換えれば、企業や個人をとりまくリスクについて考える。すると、たいていの事象は、確率分布するものと想定して、その期待値を推定できるはずである☆[24]。

　前項でも述べたように、損失の期待値は保険（リスク）の理論でいうところの原価だといえる。ではリスクは損失の期待値だけなのだろうか。損失の期待値は、確率分布する現象の平均値であって、実際には分布のバラツキを考慮しなければならない。平均身長が170cmである200人の集団を想定したとき、200人全員が170cmであるのか、100人が180cmで100人が160cmであるのかわからないのだ。

　損失の期待値は、期待値まわりの変動（バラツキ）をともなうものである。バラツキがゼロである場合は、不確実性はゼロということになる。またバラツキがあっても期待損失がゼロであれば、損失がゼロということになる。よって、リスクという概念は、「期待損失＋期待値まわりの変動」という二つの面を備えもつものであると考えるのが妥当だ。

　「保険会社はリスクを集めて、リスクを分散している」という記述で、最初のリスクは、期待損失＋期待値まわりの変動というリスクを（契約者から）集めて、期待値まわりの変動を分散（軽減）している」と言い換えることができる。リスクをいくら集めても、1件あたりの期待損失は小さくならない。リスクをたくさん集めると（1件あたりの）期待値まわりの変動が小さくなるのだ。ここに保険の仕組みの本質がある。

　保険のもつこの仕組みをプーリング・アレンジメントともいう。数値例をもちいた説明については教科書類に譲り☆[25]、ここでは、分布を示す図で直感的に理解することにしたい。

☆

24　期待値のない確率分布もあるが、ひとまず通常の場合、期待値があるとしてよい。

25　数値例による説明は、米山高生『リスクと保険の基礎理論』（同文舘出版）71-73頁を参照。

《プーリング・アレンジメントが多数の小企業の確率分布に与える影響》

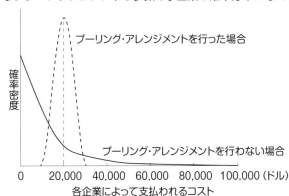

出典：ハリントン＝ニーハウス著、米山＝箸方監訳『保険とリスクマネジメント』
（東洋経済新報社）90 頁より転載。

　この図は、プーリング・アレンジメントを行わず企業がリスクを単体
で保有した場合のコスト分布を太線で示している。縦軸は確率密度であ
るため、面積が確率を示している。たとえば、期待損失額である 20,000
ドル以下の面積は、それ以上の面積よりも大きいため、保有すれば、期
待損失額以下の損失の確率が高い。これに対して、プーリング・アレン
ジメントを行った場合のコスト分布を示すのが点線である。実線と点線
の曲線を比べてみると、損失の期待値はともに 20,000 ドルと変わらな
いが、プーリング・アレンジメントをした場合は、80,000 ドルや
100,000 ドルという極端な損失を被ることは、ほぼ確実になくなる。

　リスクをたくさん集めると、期待値まわりの変動が小さくなるのであ
る。これは、サイコロを何回も投げるとサイの目の平均は 3.5 に近似し
ていくという「大数の法則」によるものだ。この 3.5 はサイコロの結果
の期待値であり、参考例では 20,000 ドルにあたる。

　保険というビジネスモデルは、たくさんの「リスク」を集め、プーリ
ング・アレンジメントによって「リスク」分散効果により、期待値まわ
りの変動（バラツキ）を小さくしている仕組みを中心とする。ただし、

プーリング・アレンジメントによるリスク軽減は絶対的なものではない。リスク間の相関が大きい場合は、軽減効果は小さくなる。リスク間に正の完全相関があるという極端な場合には、リスク軽減効果はない。

保険会社は、プーリング・アレンジメントによるリスク軽減をしたのちになおも残るリスクに様々な手当てを行う。再保険によって再保険会社にリスクを移転する方法やキャットボンドを購入するなど様々な手法があるが、最終的には保険会社の資本が残存するリスクの最終的な手当ての手段となる。資本を含めた残存リスクの手当ては、それぞれのマーケットの状況と手当の費用との関連で合理的な組み合わせが模索される。

ところで、契約者から集めた「リスク」への対応は、契約者に対する保険負債を十分に全うするという目的のためになされる。この意味で保険のビジネスモデルを理解するには、貸借対照表（バランスシート）で考えるのが容易だ。道筋だけ示せば次のとおりである。保険料は保険負債として保険会社に積み立てられる[26]。それは単に貯蓄として積み立てられるのではなく、不動産から有価証券にいたる様々な手段で投資される[27]。それが左側の資産である。

《保険会社の貸借対照表》

保険というビジネスモデルが存立する条件は、保険負債に対して十分な資産の裏付けを常にもっていることである。保険負債とは、将来の保険金支払いに対して必要とされる金額である。資本は、保険負債が資産を上回る確率（破綻確率）を低下させるためのバッファとして機能する。このバッ

☆
26 そっくりそのまま積み立てられるわけではなく、将来の保険金支払いに必要として計算された金額が積み立てられる。この積立額のことを責任準備金という。
27 契約者保護の観点から、どのような資産にも投資できるわけではない。安全で換金が容易な資産を中心に運用するように規制を受けている。

ファを喰ってしまって、資産＜保険負債となる場合は、保険会社が支払
不能（インソルベンシー）の状態である。

　保険負債は、保険数理的に計算した責任準備金の積み立てにより行われ
れている。この方法は、確実で安定的であり、かつ比較可能性の点で優
れたものである。しかしながら欠点がないわけではない。保険負債およ
び資産の変動性（リスク）を柔軟に反映していないことである。つまり
責任準備金の計算は、保険商品の販売時に行われるだけであり、その際
の計算された金利などのパラメータはロックインされているのだ☆28。
近年、国際規制として提案されている経済価値ベースのソルベンシー規
制は、保険負債が将来の保険金支払いの割引現在価値であると考え、準
備金を算出するものである。この方法は、計算時点の金利によって保険
負債が変動する。よって保険会社のリスク管理はより高度なものが要求
されることになる。

　現在、利子などをロックインした保険負債の計算方法から、その時点
で金利状況を反映した保険負債の算出方法への制度的な移行プロセスに
あるが、契約者利益と契約者保護の観点、そして株主に対する情報開示
の点の改善が期待される。さらにそのような国際水準の組織能力を構築
することが、グローバルにビジネスを展開する保険会社として必須な条
件となるのは確実である。経済価値ベースのソルベンシー規制は、その
意味で保険事業のレジームの転換であり、国際的に活動する保険のビジ
ネスモデルを変えるものである。

☆────────────────

28　それ以外にロックインしたことにともなって生じる「リスク」を勘案し、生命保険など
　では保険料が保守的に計算されることになる。つまり保険料に安全マージンが課せられる。
　この慣行は、保険契約者保護にとって重要であるとともに、保険会社の利益の保証にもつ
　ながるものであるという二面性をもっている。

契約者保護のための監督規制の役割

　ここまでの記述は、保険は市場によって規律を受けているということを前提にしている。この前提は、理論的とまではいわないまでも、一定の抽象度の高い前提である。歴史的にみれば、市場自体も社会的規制や政治的統御と無関係では存立し得ないものである。このことを考えれば、経済関係のみで理解することでもって、保険市場を十分に描き切ったとはいえない。

　実際にわが国の保険業は、金融庁の監督規制を受けるいわゆる「規制産業」である。ただし時代によって、規制の果たす役割が異なっている。たとえば、戦後の歴史条件のもとで、監督官庁の果たす役割は大きかった。大蔵省の監督のもとで保険市場は組織化され、企業間競争は価格ではなく、サービス競争に焦点が移った。これは、敗戦後という状況の中で、衣食住よりも必要性が低いと考えられた生命保険の成長が望めなかったこと、その中で、「過当競争」が行われて保険会社が破綻することが契約者保護からみて望ましくないということなどから考えると妥当なものであった☆**29**。

　日本の場合、戦後的な歴史条件が変わっても、監督主導型の規制が継続したが、保険業法の改正や、日米保険協議などを経て、自由競争を前提にした規制に転換することになった。とはいえ、自由競争というのは自由放任という意味ではなく、監督規制が自由競争の条件を整えるという役割が消えてしまったわけではない。

　保険募集規制、運用に係る規制、資本規制、保険商品の届出制、参入の際の認可規制など様々な規制があるが、これらの目的が最終的には、

☆
29　損害保険の場合は、逆にニーズは存在するが、資本が欠如するという状態だった。生保とは真逆の条件ではあるが、ともに組織的な競争を望む点では共通していた。

保険契約者保護であることは間違いない。保険会社は、保険契約に関して、個別の契約者に対して情報優位である。保険会社が情報の優位を利用して契約者に不利益を生じさせないのが保険規制の目的である。

　他方、規制は自由な競争を阻害するという効果をもつことがある。現代の保険監督においては、この点を十分に配慮されているものと思われるが、契約者保護と自由競争阻害が両立しない場合もある。その場合は契約者保護が優先されるが、契約者の保護が「過保護」にならぬよう、健全な消費者育成のための教育に力を入れることが望まれる。

保険の機能に対する市場の規律の影響

　保険規制は、放っておくと契約者保護が脆弱化するような「市場の失敗」に対する対応のため生じたものである。市場の失敗さえなければ、市場による規律は、保険市場を効率化するというのが保険理論の考え方である。

　逆説的であるが、市場の規律が十分に届かないところに共済独自の意義を見出すことができる。保険契約は、プリンシパルとエージェント間の情報の非対称性によって生じるインセンティブ問題を引き起こす典型的な契約である。つまり、保険契約者の私的情報（private information）は、保険契約に重大な影響を与えるが、保険者はこの情報をコストなしに入手することができないことから様々な問題が生まれる。たとえば、深刻な病気で診療中であることを隠して高額な生命保険契約を締結すれば、その保険集団の実際死亡率が高くなるだけでなく、平均的な保険料ではまかなえないほどの保険金支出を余儀なくされるだろう。保険契約が、告知義務、免責など、保険契約者に強めの制裁がともなうのは、情報の非対称性にともなうインセンティブ問題をできるだけ安いコストで解決するためである。

　共済の場合、情報の非対称性によるインセンティブ問題が緩和される

ことがある。たとえば、共済の場合、厳密なリスク区分をせずに、大雑把に画一的な掛金を採用することがある。保険ならば、提示された保険料に対して自分のリスクが低いと考えた場合には、別の保険会社の商品に乗り換えることは簡単だ。共済の場合は、協同組合に所属する組合員に対する共済サービスであるため乗り換えることは簡単ではない。もちろん無理ではないが、小規模の「顔のみえる」ような協同組合であると、連帯意識がないわけではなく、自分だけの損得勘定で行動する人が大量に生まれることはないだろう。同様に、そのような共済の場合、仲間の組合員に迷惑をかけるような「逆選択」は抑制される傾向があるかもしれない。また共済契約後の無謀な行動によって共済金支払いを生じるような、いわゆるモラルハザードも抑制されるのではなかろうか。

　画一的な掛金は、共済団体の内部補助を生み出す。この画一的な制度が、組合員による上記の効果を期待して設計されているとすれば、低リスクの組合員から高リスクの組合員への内部補助を認める商品を提供していることになる☆30。

《「たすけあいⅠ」と「たすけあいⅡ」の関係》

内部補助による「たすけあい」は、リスクプーリングにより結果として生じる「たすけあい」とは異なるものである。そこで著者は、前者を「たすけあいⅠ」とし、後者を「たすけあいⅡ」として区別することにした。また両者の関係を次のように示した☆31。この相違をめぐる保険と共済の相違については、次項でより詳しく論じる。

☆
30　保険会社も団体生命保険などで画一保険料を提供することがある。しかしこれは、情報の非対称性にもとづくインセンティブ問題が緩和されているためでなく、市場合理的な理由によるものである。
31　米山高生「第1章共済と保険の相違−「たすけあい」という機能からの分析」（生協共済研究会編『生協共済の未来へのチャレンジ』（東信堂，2021年）10頁）を参照。

2.4 機能論的な理解から考える共済

　これまで保険を機能論的な次元で考えてきた。そこでは、基本的には自由で競争的な保険市場が想定されており、市場の規律が効果的であるということが重要であった。これまでみてきた、保険の諸機能は、共済においても基本的には共通するものである。

　しかしながら相違がないわけではない。共済の存在形態は多様なので一概にいえるわけではないが、共済商品は、保険商品と比較して、市場の規律が厳格に効くとは限らないという特徴がある。ここでは、次の三点を指摘したい。第一に、契約者の私的情報の非対称性にかかる点、第二に市場の効率性にかかる点、そして第三に公正保険料にかかる点である。最初の二点は関連するため次項で論じ、最後の点については、さらに項をあらためて論じる。

情報の非対称性と共済

　情報の非対称性には二つの側面がある。すなわち、保険会社が保険商品に関して契約者よりも情報優位にあるという側面、および保険契約の時点において、保険会社は契約者の私的情報（personal information）[32]をコストなしで知ることはできないという側面である。前者は、具体的にいえば、保険会社と契約者の間の保険に関する知識のギャップということであり、経済学などでは情報の非対称性とはいわないことが多い。保険契約において情報の非対称性のもとで生じるインセンティブ問題と

☆

32　私的情報は、個人情報法の個人情報とは重なる部分があるが、厳密には異なる。一般に名前や性別などの個人情報は、保険契約における私的情報ではない。私的情報とは、自分が愛煙家であるとか、検診で要再診となったとか、最近頭痛が止まらないとかいうような、黙っていれば他人に知られない情報のことである。

して逆選択やモラルハザードが指摘されるが、これは後者の場合である。

　たとえば、医療保険を例にとって考えると、契約者は自分の健康に関する私的情報を知っているので、健康に不安がないときには加入せず、不安が生じたときに加入したくなるのが人情である。となるとそのような私的情報の開示なしには、医療保険に高リスクの人ばかりが集まってしまうことになる。このような現象のことを、逆選択という。保険契約でいうところの告知義務は、顧客に対して私的情報の開示を比較的コストの安い方法で求める手法である[33]。

　保険契約前に情報の非対称性によって生じる問題を逆選択というのに対して、契約後に契約者の行動の変化が損失の期待値を悪化させる現象のことをモラルハザードと呼ぶ。モラルハザードも被保険者の私的情報をコストなしで知ることができないことから生じる。新聞などで「倫理感の欠如」と訳されることがあるが、倫理とは無関係に生じるものであることに注意されたい。たとえば無保険で自動車を運転する場合と、自動車保険に加入後に運転する場合とどちらが事故に対して慎重であろうか。当然前者であるが、このような心理状況は、人間の倫理感とは関係ない。

　以上のような理解を前提にして、現在わが国で普及している共済商品について考えてみよう。一般的にいえば、不特定多数に販売する保険商品よりも、特定の職域、あるいは地域の組合員に対して推進されている共済商品の方が逆選択やモラルハザードの問題が生じにくい。このような傾向は、保険商品と競合するタイプの共済商品では小さく、特定の組

☆

[33]　保険用語には一般的に理解されにくいものが多い。告知義務の「告知」は、「受胎告知」とか「がん告知」のように、外部からあることを告げ知らされるという意味がある。しかし保険契約の「告知」は、契約者が私的情報を開示するという意味なのだ。「告知義務」という用語が理解されにくいのは、「告知」の用例として特殊だからだと思う。英語では、告知義務は、obligation to disclose であり、情報の開示という意味が明確である。

合員を対象とする場合に大きくなる。具体的にいえば、自動車共済のような商品では民間保険と同様に逆選択やモラルハザードが生じるが、学生総合共済のような大学生のみを対象とするような共済商品では、逆選択やモラルハザードが生じにくい。あえて一般化すれば、市場の規律の影響が小さくなればなるほど、情報の非対称性によるインセンティブ問題は生じにくい傾向をもつ。

　続いて第二の市場の効率性について、保険と共済の相違を考えてみよう。保険の理論では、自由で競争的な市場を前提とし、保険を必要とする（リスク移転を望む）ニーズを十分に受け止めることができる市場のことを効率的だと考える。逆選択やモラルハザードのような情報の非対称性によるインセンティブ問題が、「問題」である理由はまさにここにある。逆選択やモラルハザードが生じると、保険料が上がり、保険に入りたい人が加入を断念したり、部分保険に変更したりすることになる。経済学ではこの現象を保険市場の効率性が落ちたと考える。

　共済の場合、とくに市場の規律が強く効かない共済商品の場合には、効率的な共済市場の概念は、必ずしも保険とは一致しない。この点は重要である。逆選択やモラルハザードが、保険契約者の需要を抑制するひとつの原因は、保険集団の中に内部補助が生じるためである。内部補助とは、低リスクの人から高リスクの人への給付を通した金銭的な補助のことだ。市場の原理が働く場合には、内部補助を生むような保険商品は逆選択によって成り立つことが難しい。また市場の効率を妨げることになる。

　これに対して、市場の規律から遠いところにあるような共済商品の場合には、ある程度の内部補助が組合員相互の理解により容認される場合がある。またその内部補助の存在こそが共済らしさの重要な特徴である。このことは保険では不可能だが、共済では可能なものだ。そして、この相違を生み出すものは、逆選択やモラルハザードを緩和できる可能

性ばかりでなく☆³⁴、共済商品が保険市場の効率性という概念に必ずしもコミットする必要がないことであろう☆³⁵。

公正保険料と共済

公正保険料に関して保険と共済を機能論的に考えた場合の相違点は、次のとおりである。

保険も共済もプーリング・アレンジメントによるリスク分散を利用するということにおいては共通である。昭和２０年代末には、地方の共済団体でリスク分散が危惧された場合もあったが、現在では、そのような危惧もなくなっている。とりわけ連合会組織を活用してリスク分散をはかることが行われているが、JA共済などのように、さらに高度なリスク移転や分散を行っている団体もある。

共済の価格は、保険と競合する共済商品の場合は、おおむね公正保険料の理論で理解することができる。しかし異なる点もある。それは資本調達 profit loading の部分である。保険会社の場合は、資本調達コストであるが、共済団体の場合、資本市場から資本を調達することは難しい。わが国の共済団体は協同組合組織なので、出資金が profit loading に相当する。しかしながら、組合員の出資金＝資本というわけではない。保険会社の資本を機能的に述べれば、破綻防止のためのバッファである。破綻防止のためのバッファと考えると、共済の場合は、出資金＋共済金削減規定である。なお株式会社ではない相互会社の場合は、保険料に含まれるリスクマージンが破綻防止のためのバッファとして profit

☆────────────────

34　保険と競合するような共済商品は別として、職域や地域に展開されている共済商品の場合は、組合員という意識において、インセンティブ問題を緩和する可能性が大きいものと思われる。

35　どの共済団体も、事業を効率的に進めたいと考えているはずであるが、共済市場の効率性という考え方はみられない。つきつめていえば、共済は協同組合の組合員サービスのひとつとして展開されているものなので、それ自体「市場」と把握しがたい。

loading の機能を果たすと理解することができる☆36。

　わが国の主要な大規模共済団体は、後述するように協同組合保険といえる。協同組合という企業形態で保険を販売するとした場合、機能論的に考えると、公正保険料の profit loading の部分に本質的な相違点がある。この点について機能論的にどう理解するのかをより検討すべきであろう。もちろん実務的には、税法上の相違など制度にまつわる違いが大きいため、より慎重かつ深い検討をすべき課題である。

2.5　機能論以外のアプローチ

　ここまでは機能論的なアプローチからみた共済と保険の相違について考察した。その結果、保険の仕組みなど多くの点で保険と共済は共通であることがわかった。よってリスクを移転しリスクを分散するというような機能においては、保険の理論を基本と考えれば十分であり、特別に共済の理論が必要とされるわけではない。

　しかしながら、市場の規律の影響の強弱によっては、共済は保険と相違する機能を発揮する場合があることもわかった。この点については、2.4 で明らかにした。

　第３章で検討する過去の学説の展開を参考とすると、共済と保険の相違を考える上で、機能論的アプローチ以外のアプローチがあり得る。一つは組織論的アプローチであり、もう一つは運動論・理念論的なアプローチである。

☆

36　すでに述べたように、相互会社には「保険金削減規定」が存在していたが、業法改正により削除された。その後、破綻法の一環として、破綻前の既存保険商品の予定利率の変更が認められたので、「保険金削減規定」は実質的に復活している。

組織論的アプローチによる保険と共済の相違

　わが国の共済の場合、協同組合という企業形態によって営まれている。協同組合の根拠法の嚆矢は、1900（明33）年に施行された産業組合法であった。しかし戦前の産業組合法の事業に共済事業は含まれていなかった。この法律を継承する戦後の各種の協同組合立法においては、表現は明確でないものの、共済事業が含まれていたことから、各種協同組合の事業として共済が発展した。

　戦後の保険業法改正のプロセスにおいて、保険事業を営業できる企業形態として、株式会社と相互会社のほか、協同組合も含むという議論が行われた時期もあったが、最終的には、協同組合による保険事業は実現しなかった☆37。

　JA共済、こくみん共済コープなどの全国規模の共済をみるかぎり、協同組合という企業形態によって、広範な人々に対して「保険」を販売しているようにみえる。またこれら共済団体が提供する「共済商品」の多くは、「保険」と称しても遜色のないものである。さらに員外利用の制度の利用などは、必ずしも組合員だけに対する共済サービスとはいえないため、保険会社が不特定多数の消費者に保険を販売するということと比べ大きな違いがみられなくなっている。

　これに対して、比較的小規模な職域、または地域の共済商品については、2.4で示したように、必ずしも「保険」といえないような機能を強くもつことがある。このような団体の場合については、「保険」を提供しているとはいいがたい。

　いずれにせよ、日本において保険あるいは共済という商品が、協同組

☆────────────

37　この立法プロセスについては複雑である。詳しくは、『昭和生命保険資料』第五巻再建整備期、1053頁および1102頁を参照。

合という企業形態によって展開されているのは事実である。これらを協同組合保険と呼ぶにせよ、協同組合共済と呼ぶにせよ、協同組合の組合員が共済事業のフォーマルな所有者であることは間違いない。組合員が所有者であることから生じる特徴があるとしたら、そこには保険と共済のそれなりの相違が見いだせるはずである。

　何が相違点か？それは、理論的な相違としてガバナンス、そして実務的な相違として資本調達や税制の相違がある。ヘンリー・ハンズマンの企業所有の理論によれば、市場コストとガバナンスコストのトータルのコストが安くなるように所有者を決めるのが合理的であるという[38]。となると気になるのは、協同組合のガバナンスコストである。協同組合では上意下達の決定プロセスではなく、意思決定にあたってボトムアップを重視する。よって意思決定の迅速性や柔軟性については他の企業形態より劣る。よって技術変化が激しく、巧みな投資戦略が必要とされる事業には向かない。しかし保険事業のような技術革新が累積的で長期的な商品を扱う場合には、必ずしも欠点とならない。ガバナンスコストが若干かさんだとしても、組合員の間に十分な了解が得られるとすれば、共済の推進にとってはプラスである。さらに協同組合の考え方と共済＝保険の考え方には一定の親和性があるため、協同組合という企業形態の特徴を共済事業に上手に活用できるというメリットをあげることができる。

　これに対して制約もある。現行の法的枠組みでは、共済商品を不特定多数に販売することができない[39]。また資本調達の上での制約もある。これらの制約あることは確かだが、これらの制約をもって、協同組合による保険事業の存立を否定するほどではない。協同組合に保険事業

38　ハンズマン著、米山高生訳『企業所有論』（慶応義塾出版会、2019 年）25 頁および注17 を参照。

39　協同組合自治の原則にたてば、理論的には、組合員の決議によって組合員以外に共済事業を提供することができないわけではない。

の営業が認められるとすれば、当然にしてそれぞれの監督官庁から金融庁への監督の移管あるいは金融庁との共管が行われるだろう。このような制度変更は大変なことであり、よほどのことがないかぎり起こり得ないことである。しかしながら、実質的に、いくつかの大規模共済は、協同組合保険であることは事実であるので、共済という概念にその事業を無理やり押し込める必要はないという考えもありうる。講学的には、これらの共済にあっては、協同組合保険といって差支えはないものと考える。

　組織論的アプローチとしての結論は次のとおりである。共済の中には、「協同組合保険」と称して差支えないものがある。ハンズマンは企業形態の選択に一定の合理性があるべきだと論じているが、協同組合が「保険」を運営することの根拠がないわけではない。株式会社形態に対して協同組合はガバナンスコストが大きいが、手間をかけたガバナンスの仕組みが共済という商品の理解につながるとしたら、トータルとしてのガバナンスコストは小さくなる。保険・共済事業は、急激で頻繁な技術革新があるものではなく、意思決定も長期的な判断が重視されることから、保険を営む企業形態として協同組合が採用される可能性がある。これに対して、次の表に示されているように共済団体は、「たすけあいⅠ」ばかりでなく、「たすけあいⅡ」を含んだ共済商品を提供できる。したがって現行の共済の中には、「協同組合保険」とまではいいきれないような存在もある。このような共済商品は、市場の規律を強くうけないことから、「たすけあいⅡ」を含むような商品を提供できる。これらをあえて呼称するならば、「協同組合共済」といえる。協同組合保険を強調するあまり協同組合共済の存在意義を軽視してはならないだろう。

《共済団体と保険会社における共済・保険商品》

	共済団体	保険会社
たすけあいⅠ	○	○
たすけあいⅡ	○	×

出典：米山高生「共済と保険の相違」（共済研究会編『生協共済の未来へのチャレンジ』（東信堂））より一部修正の上転載。

運動論・理念論的アプローチによる保険と共済の相違

　共済と保険の相違を論じる論点として、しばしば登場するのが、運動論・理念論的な相違である。その主張は、共済の理念は相互扶助であり、共済は助け合いを人々の間に広めていく運動であるというものだ。相互扶助や助け合いは、共済と保険のもつ共通の機能である。そこでわれわれは、2.2 から 2.4 において、機能論的なアプローチからみた、共済と保険の相違を検討した。理念というかぎり、それぞれの理念が、共済商品や保険商品に投影されていなければならないが、決定的な違いはみられなかった。

　そこで理念の相違が影響するとしたら、それは事業展開全体のなかに現れるものと理解すべきなのかもしれない。共済事業が組合員相互の助け合いにあるのに対して、保険事業は資本家の利益のためにあるといういわれることがある。このような主張に対しては次のような反論を行うことができる。第一に保険事業が契約者相互の助け合いという機能を果たしていないわけではないということである。第二に、公正保険料の理論に従えば、資本家の利益は、profit loading に相当するものであり、保険事業の破綻のためのバッファを提供したことの見返りである。この profit loading を小さくすれば、資本家は他の投資に逃げて行ってしまうが、いたずらに大きくすれば、公正保険料を提供する他の保険会社との競争に打ち勝つことができない。よって少なくとも原理的に考えた場

合には、「保険事業は資本家の利益のためにある」とはいえない☆40。

　第3章における先学の議論の中には、協同組合を通して来るべき社会の担い手が生まれるという認識があった。この考え方は、とくに資本主義の発展の後に社会主義そして共産主義の社会が誕生するという歴史哲学的ビジョンを前提としたものである。このビジョンを前提にすれば、共済事業の展開は、ある種の運動としてみることができる。

　これは未来に対する夢のある議論ではあるが、ソビエト連邦の崩壊などの経験から、その有効性が問われるようになり、1990年代以降、急速にその力を失ったといわざるを得ない。運動とは、目的があっての運動である。厳しい言い方かもしれないが、現代世界において目的が不明確になったことが、運動論としての共済論の推進力を弱めたものと思われる。

　共済の運動論・理念論が再生するとしたら、過去の議論の蒸し返しではなく、機能論的アプローチと組織論的アプローチを前提とした上で、共済の目的、共済団体の目的、あるいは社会における共済の存在意義などを徹底的に論じたなかから生まれてきてほしい。本書では、到底論じることができないが、そこに「新しい共済の理論」が誕生することを期待する。

☆
40　この指摘は、あらゆる保険会社の経営者が公明正大であり、かつ投資家も健全であるということを主張しているわけではない。むしろその逆であるといってよい。保険実務においては、しっかりした企業統治やコンプライアンスが確保されていない場合があり、一定の監督規制が必要だろう。ただしこのことは、共済団体においても同様である。

第3章

歴史から学ぶ共済の特質

■本章の要点■

❖ 本章では、共済と保険の相違を論じる際の原点を確認する。

❖ 保険・共済には、「金融商品」という側面と保険金（共済金）給付による困った人への「救済」という側面がある。

❖ 保険法には、保険契約の定義は明記されているが、保険の定義は行われていない。

❖ 保険給付による「結果としてのたすけあい」が、保険・共済の「たすけあい」とされるが、これだけが「たすけあい」ではない。

❖ 低いリスクの人と高いリスクの人を同一の保険集団に組み込むと、低いリスクの人から高いリスクの人への「内部補助」が生まれる。

❖ 市場の規律が強く働く場合、内部補助は逆選択を生み出し、保険市場を非効率化する。

❖ 市場の規律が強く働かない共済商品の場合は、逆選択が生じにくいため、内部補助が許され、それが組合員間の「たすけあい」となる。

❖ 保険に関する課題に対応するために保険審議会が誕生したのにともなって、共済保険研究会が設立され、研究の成果が『共済保険研究』（のちに『共済と保険』と改称）で発表されるようになった。

❖ 印南博吉は「保険は営業、共済は事業」と述べるが、その真意は、保険が不特定の者を対象とするのに対して、共済は一定の地域または職域団体に属するものに限るということである。

❖ 水島一也は、資本主義経済にあっては、保険産業のアウトサーダーとして保険資本による恣意的な行動を規制する存在であると考えた。

❖ 佐波宣平は、共済の「扶け合い」は、大規模化にともなって形骸化すると指摘した。

❖ 園乾治は、共済には保険といって差え支えないものから、合理的な掛金の計算を欠く保険といえないものまで多様であると指摘した。

❖ 近藤文二は、賦課式保険であるか、前払確定保険料式であるかが、両者の相違を区別する上で重要だと考えた。

❖ 笠原長寿は、マルクス経済学の立場から、歴史認識の希薄な技術論的理解を排除した上で、歴史認識を踏まえた水島に対しては、共済を保険資本との対立・競争の中で理解していないことを批判した。笠原にとっては、共済団体は来るべき社会主義・共産主義社会において重要な役割を果たすべきものだったのである。

❖ 笠原による歴史哲学的な観点は、共済の運動論に影響を与えたが、現代の共済団体を理解する上では、理念的すぎるという限界が生じている。

❖ 先達が展開した論争の共済論の原点を十分に理解した上で、本章では共済を機能論・制度論の文脈で理解することが必要であると考えている。

はじめに

　第３章では、保険学者の共済と保険をめぐる議論に関するいわゆる「ミニ学説史」をまとめてみた。対象となる時代は、敗戦後に誕生した各種共済団体がようやく社会的に認知されるようになった頃のことである。この時代には、保険の果たす生活や経済への役割が大きくなったことから保険審議会が誕生し活発な議論が交わされた。あえて極端な表現をすれば、共済を前近代的な類似保険とみる保険陣営に対して共済こそが「純粋の保険」だと信じる共済陣営との間に大きな深い溝があった。このようなことから、本書ではこの時期の保険学者の議論を整理することが、共済と保険の相違性と共通性を考える上での原点となると考えている。

　とくに歴史に興味のない人は読み飛ばしていただいても結構だが、共済と保険を論じる際に原点から理解したい人には、ぜひ読んでいただきたい。現代の読者の眼からみると、これらの議論の一部が戦後という時代が残した遺物のように感じられるかもしれない。しかしこの時代の保険研究者が、熱心に共済と保険の実務と理論について踏み込んで考えていた足跡をたどることは、それなりに意味のあることだと思う。

　読者の皆様には、このミニ学説史の中から現代における「共済と保険」の相違性と共通性の認識のために役立つ知見を拾いだしていただきたい。3.1 では、ミニ学説史を概観する前に必要となるであろう概念装置を明らかにする。3.2、3.3 は、ミニ学説史の概要を説明した導入部分、3.4 以下は、順を追って考察するミニ学説史の本体部分である。

3.1　保険・共済のもつ二面性

保険・共済の二面性

　最初に私が研究対象としてきた保険について、私感をまじえてお話することをお許しいただきたい。保険商品は、これまでも述べてきたように現在のおカネと将来のおカネを交換するという意味で「金融商品」といえる。時間を隔てたおカネの交換を行う機能をもった商品のことを金融商品というならば、保険はまさに金融商品といえる。その意味では、保険商品は、定期預金や投資信託とさして違いはない。

　しかしながら、保険には、他の金融商品とはどこか違った「何か」がある。金融機関の業態は、銀行、証券、信託、保険など様々だが、保険には保険業法という監督法の下にひとつの独立した産業が存在するようにみえる[☆1]。保険には経済的損失を生じた人への支払いという側面がある。つまり、困った人のためにみんながおカネを拠出し、困った人を助けようという仕組みによって運営されているという面がある[☆2]。保険契約者の視点からみれば、保険への加入は、生命保険であれ、損害保険であれ、自助の手段だが、保険の仕組みということに着目すれば「共助」という側面をもつことになる。他の金融商品に、はたしてこのような側面があるだろうか？

　保険は、「金融商品」として割り切ることのできない「何か」がある

☆

1　他の金融業、とくに証券業では業界規制というよりも、機能ごとの規制となっており、機能によっては銀行や信託と重複する部分もある。保険だけは、保険の機能が明確であるゆえに、ほぼ業界規制という監督体制となっていると解釈できる。

2　保険や共済に携わる人々のひとつの誇りは、保険・共済が困った人を助けるという機能をもつことだ。この機能は、基本的にはプーリング・アレンジメントといわれる保険の仕組によって達成される。この点は、保険であっても共済であっても違いはない。

のだ。私自身、ながらく保険に関する研究をしてきたが、保険商品が有する二つの側面を常に考えてきた。後にも述べるように、保険法審議会の委員を務めたことをきっかけに、「共済」も研究対象に加わるようになったのだが、この二つの面への意識は、保険ばかりでなく共済についても変わらなく続いている[3]。

　共済および保険には、産業として、また個別企業（団体）として解決すべき様々な実務的課題がある。これらの課題を検討するときに大切なことは、保険や共済のもつ「二面性」に照らして考え、解決へのスタンスを定めることが肝要だ。

　たとえば経済価値ベースのソルベンシー規制にもとづく制度設計を検討する場合は、保険の金融商品という側面に集中して徹底的に考え抜く必要がある[4]。これに対して、保険や共済実務における保険金・共済金の給付に関する課題については、おカネの側面だけでは割り切れない「何か」を感じとる能力が必要だ。その能力が不足すると、保険会社も保険契約者も、また共済団体も共済加入者も納得するような結果を導くことができないように思う。われわれは法を曲げることはできない。だが、法の理念に即した最適な解決策を探ることはできるはずだ。

割り切れない側面があるにもかかわらず「商品」と呼ぶべき理由

　「たすけあい」という仕組みを内在する保険・共済を、われわれは、はたして「商品」と呼んでいいのだろうか。ここが二面性の難しいとこ

---

[3]　ここでいう「変わらなさ」は、二重の意味がある。第一に、共済も保険と同様に二面性をもつこと。第二に「金融商品」という側面から消費者保護を考える場合の共通性である。保険法が規定する契約の規律は、第2章で明らかにしたように、保険とか共済とかいった名称にかかわらず、契約の基本ルールを定めようとしたものである。

[4]　経済価値ベースのソルベンシー規制は、大規模な共済団体の経営にとって示唆的なものであるが、本書では詳論しない。とりあえず拙稿「経済価値ベースの保険経営と共済－有識者会議報告書から考える」『共済と保険』2021年3月号を参照のこと。

ろだ。共済陣営の一部には、共済は商品ではないと主張する意見がある。しかし私は共済を商品と呼んでいいし、また場合によっては呼ばなければならないと考えている。

　その理由を説明する前に、保険・共済に「割り切れない」部分が残ってしまう理由について考えてみたい。「割り切れない」理由は二つある。第一に、保険約款（共済規約）と保険の仕組みが分離していることである。保険法で保険契約の定義がなされている。だが、そこには保険の仕組みを含む保険の定義はなされてない☆5。要するに、保険会社が契約者から引き受けたリスクをどのように扱うのかという方法については保険法に規定されていないのだ。言い換えれば、リスク分散や資産運用を含む保険会社のリスク管理は、保険法ではなく、保険業法による規制監督に委ねられるという法律の建付けになっている。保険会社、とくに生命保険会社の運用資産は相当な巨額な金額に達している。それは保険会社が引き受けた保険給付の責任を果たすために必要な資産なのだが、個別の契約者からみると、それはとてつもない金額にみえる。保険会社は、「あんなにたくさんのおカネを持っているのに、なぜ気前よく保険金を支払わないのだろうか」という割り切れない気持ちを抱く人がいても不思議ではない。保険の仕組みを理解するためには、ある程度高度な知識が必要となるが、このような知識を誰もが身につけているわけではない。割り切れない疎外感はこのようなことから生まれるのかもしれない。

　「割り切れない」気持ちになるもう一つの理由は、保険（共済）商品の募集（推進）において「たすけあい」が引き合いにだされることだ。保険や共済に加入する消費者のほとんどは、他人を助けるために保険や共済に加入するわけではない。だが、自分が支払った掛金（厳密にいえば危

☆————————————————
5　書かれていないのにはそれなりの理由がある。詳しくは本文後段で述べる。

険保険料）によってたくさんの困った人が結果的に助かるということを
知ると幸せな気分になることもたしかだ。しかし自助の手段として保
険・共済という「金融商品」を消費者として合理的に選択しているのな
ら、「たすけあい」もいいが、契約者保護をより確実なものとしてほし
いというのが本音だと思う。この辺のギャップに「居心地の悪さ」やあ
る種の偽善性を感じる消費者や募集（推進）従事者がいるのではないか
と思う。

　このような「割り切れなさ」を払拭するためには、保険・共済契約は
契約者の自助手段であるということを明確に示すべきだと思う。じつは
保険および共済を「商品」と呼ぶべきであるとした理由はここにある。
保険約款および共済規約に書かれた内容は、金融商品そのものだ。保険
料（共済掛金）と引き換えに、約款・規約での約束を履行することが、
保険ないし共済という契約にとって本質的に重要なことなのだ。消費者
に「割り切れなさ」を感じさせず、また過度な期待を生まないために
は、自助手段としての機能を発揮する「商品」を「販売」☆6するとい
う姿勢と責任感が必要だというのが私の考えである☆7。

契約と仕組みの分離

　これまでの記述では、「保険約款・共済規約」、「保険会社・共済団
体」、「保険料・共済掛金」などと、保険と共済を併記することがあった
が、今後の表記にあたっては、特別に表記する場合を除いて、保険約款
と表記すれば共済約款も含むものとする。ただし、「保険の仕組み」に
ついては、保険も共済も共通しており、「共済の仕組み」があるわけで

☆
6　保険は「募集」といい、共済は「推進」ということが多い。この二つの言葉は、両者の
　　性格を表すものであるが、その実質はともに「販売」とかわらないように思われる。
7　保険・共済は、契約者にとって理解しにくい商品なので、販売者は十分な情報の提供を
　　行い、かつ契約にあたって意向確認を行うなど丁寧な「販売」につとめる必要がある。

はないので、この限りではない☆8。

　さて、すこし横道にそれるかもしれないが、保険契約と保険の仕組み
が分離している理由について明らかにしておきたい。簿記・会計が得意
な方ならば、保険会社の貸借対照表を思い浮かべると理解しやすいだろ
う。保険募集（共済推進）により集金された保険料は、貸借対照表の負
債部分に責任準備金として積み立てられる。責任準備金とは、おおざっ
ぱにいえば、保険会社が将来において契約者との約束（保険金の給付な
ど）を果たし続けるのに十分なおカネのことである。保険金（共済金）の
支払いは将来の事象であり現時点で確定したものではない。この不確実
性を考慮した上で、どれだけの金額を積めば十分なのかは、保険（共
済）計理人という専門家が保守的に計算することになっている☆9。この
点は、保険も共済も法律にもとづいて規制・監督を受けているので、契
約者はたいして心配をする必要はない。しかし他方において、経営者の
すべてが善良な管理義務を果たすとは限らないため、ガバナンスとかコ
ンプライアンスが健全に機能しているのか否かということが重要となる。

　保険契約という面に絞って考えれば、**第2章**の需要の理論で説明し
たように、リスクが嫌いな人（リスク回避的な人）に、リスクプレミアム
という代償を払ってもらって、保険者は個々のリスクを引き受けるとい
うことになる☆10。保険法は、保険自体の定義をしておらず、保険契約

☆─────────────────────

8　共済商品の「仕組み」のことではない。プーリング・アレンジメントによるリスク分散
　という「保険の仕組み」は、保険会社ばかりでなく、共済団体でも活用している。

9　この場合、「保守的に」ということの意味を具体的にいえば、保険会社が破綻しないよ
　うに、少し余分に保険料を徴収するということである。余分に徴収された部分は、共済や
　相互保険ならば、事後的に割り戻しや契約者配当で戻ってくる。株式会社については、会
　社の破綻のバッファとしての資本を調達するコストを低下させることによって、保険料（公
　正保険料）を低廉化することによって契約者に還元されることになる。

10　この表現は、経済学の「期待効用仮説」という考え方に基づいた表現なので、一部の読
　者には少し難しいかもしれない。拙著『リスクと保険の基礎理論』（同文舘出版、2021年）
　の第7章「期待効用仮説」および、下和田功編『はじめて学ぶリスクと保険〔第4版〕』（有
　斐閣、2014年）第6章「保険の経済分析、1.2期待効用仮説」を参照されたい。

について定義しているだけである。その定義は以下のとおりである。

◎保険法（平成20年6月6日法律第56号）

　「第2条（保険契約）　1保険契約　共済契約その他いかなる名称で
あるかを問わず、当事者の一方が一定の事由が生じたことを条件とし
て財産上の給付（生命保険契約及び傷害疾病定額保険契約にあって
は、金銭の支払に限る。以下「保険給付」という。）を行うことを約
し、相手方がこれに対して当該一定の事由の発生の可能性に応じたも
のとして保険料（共済掛金を含む。以下同じ。）を支払うことを約す
る契約をいう。」

　契約者の側からいえば、保険（共済）契約を締結するということは、
保険（共済）商品を購入するということである。逆に保険者[11]からい
えば、保険や共済という商品を販売したことになる[12]。

　ここで、リスクばかりを集めて、保険者は人丈夫なのかと心配する人
がいるかもしれない。しかし心配は無用。じつはリスクをたくさん集め
ると一件当たりのリスク、つまり平均リスクが小さくなるということが
知られている。統計学でいう「大数の法則」である。ただしこの場合の
リスクが、将来の損害額という意味ではないことに注意されたい。リス
クをたくさん集めても、それだけでは一件当たりの損害額が小さくなる
ことはない。

　では平均リスクが小さくなるということは何を意味しているのだろう

☆─────────────
11　保険に関する法律実務では、保険契約の一方の当事者のことを、社会保険であろうが民
　間保険であろうが、「保険者」と称している。この用法でいえば、共済団体でも「保険者」
　ということになる。
12　この商品は特殊な商品で保険会社は、保険契約後に保険サービスの提供という生産過程
　に入ることになる。保険用語では、保険者が保険金支払いの責任を負うべき保険期間が生
　産期間であるということになる。

か。このリスクとは、「期待値まわりの変動」というリスクだ。損失が確率的に決まることを前提にすれば、その平均的な損失額があるはずである。平均的な損失額のことを損失の期待値を呼ぶ。リスクをたくさん集めると、損失の期待値に近くなる。この現象は、サイコロを何回も投げると出た目の平均が3.5に近くなっていくのと同じだ。

　保険会社は、リスクを集めれば集めるほど、全体として結果のバラツキは小さくなり、平均リスクは小さくなるというわけだ☆13。保険契約、つまり保険商品の背後には、このような保険の仕組みが控えている☆14。このことは、共済についても同様に当てはまる。戦後の共済誕生初期の時代に、いくつかの共済団体の企てがうまくいかなかった理由のひとつは、十分なリスク分散ができなかったためといわれている。

　保険という用語は、リスク分散の仕組みを利用してリスクを軽減するという機能を含んだものとして使われている。そのため法律においても、（上記のような保険契約の定義ではなく）この仕組みを含んだものとしての保険の定義を行えばよい。ところが、不思議なことに、保険の仕組みまで含んだ保険の定義をしている法律は、世界の保険法を見渡しても見当たらない。

契約と仕組みを同時に定義しない理由

　保険法で保険契約の定義になぜ「保険の仕組み」を組み込まないのだろうか☆15。その理由は、保険契約と保険の仕組みを結びつけてしまう

☆
13　集めたリスク間に正の完全相関がある場合にはリスクは軽減しない。よって厳密にいえば、正の完全相関である場合を除いて、ということになる。

14　保険の仕組みであるプーリング・アレンジメントの機能を理解するためには、リスク概念の基礎を身に着けておく必要がある。拙稿『リスクと保険の基礎理論』第1章および第2章を参照。プーリング・アレンジメントについては、ハリントン＝ニーハウス（米山、箸方監訳）『保険とリスクマネジメント』東洋経済新報社、第4章「リスク・プーリングとリスク分散」を参照されたい。

15　保険審議会で仕組を含んだ保険の定義が検討されたが実現されなかった。

ことによって、保険会社のリスク分散の実務を著しく限定してしまう危険性があるためだ、と私は考えている。

　保険の定義を保険法で行うことにともなって生じる問題について具体例をあげて説明してみよう。かつてイギリスにおいて、スコットランド北部のネス湖に棲息するといわれた怪獣（日本ではネッシーという愛称で呼ばれていた）を生け捕りしてロンドンまで運んできた人に高額の懸賞金を支払うというと約束した会社があった。その会社は、万が一そのようなことが起こった場合に備えて、ロンドンにあるロイズと保険契約を結んだ。高額な懸賞金が生じた場合、保険金で賄おうということだ。このようなリスクを十分に分散することは不可能に近い。ロイズは、分散できないリスクを、ロイズ・アンダーライターの背後にいるネームと呼ばれる大金持ちの資本力によって引き受けたのである。保険法が、保険を定義してプーリング・アレンジメントによるリスク分散と保険契約を結びつけたならば、資本によって手当されたロイズのこの保険契約は、保険契約とはいえなくなってしまう。

　要約すれば、保険法において保険の定義がないのは、定義によって保険契約と保険の仕組み（プーリング・アレンジメント）が結びつけられてしまうと、保険者のリスク管理の自由裁量の余地が制約されてしまうためである。保険契約者サイドは、この点について何のこだわりもないはずだ。なぜならば、保険契約者は、いざという時に保険金が確実に給付されるならば、そのことを実現するために保険会社が行う手段がなんであってもかまわないからである☆16。

「たすけあい」のための保険加入

　保険の二面性を生み出す「割り切れない」側面を生み出す第二の理由

☆————————————
16　他国においても契約と保険の仕組を合わせた保険の定義を行っている保険法はない。

は「たすけあい」であった。すでに述べたように、消費者は、保険・共済を自助の手段として購入するのであり、他人を助けることを目的に加入しているのではない。

にもかかわらず、保険・共済は他の金融商品とは違って「たすけあい」が強調される商品である。その理由は、保険の仕組みが結果として経済損失を生じて困った人に保険金（共済金）が給付されるからである。消費者の立場からいえば、少ない保険料（共済掛金）でいざという時に大きな保険金（共済金）が得られるという意味で、おおいに助かる商品だ。したがって「たすけあい」という言葉と保険・共済にはある程度親和性があることは否定できない。しかしながら、保険・共済の仕組みから「たすけあい」ということを自明に導き出せるのだろうか。これの点については、少し考えてみる価値がある。

「たすけあいⅠ」と「たすけあいⅡ」

第2章では、保険・共済の「たすけあい」を二つに分けて考えるべきだと論じた☆17。これまで述べてきた保険の仕組みによる「たすけあい」の機能は、伝統的な保険論の用語で示すと給付反対給付均等の原則が成り立つことを前提とした「たすけあい」のことだ。給付反対給付均等の原則とは、保険金に保険事故の確率を乗じたものが保険料であることを意味する☆18。この等式が成り立つ保険料ならば、同時に収支相等の原則も成立する。つまり保険経営の立場からいえば、収入と支出のバランスが保持されることになる。

このような原則が成立するという条件の下で成立する「たすけあい」

☆────────────

17　この部分は、拙稿「共済と保険の相違－「たすけあい」の機能からの分析」（生協共済研究会編『生協共済の未来へのチャレンジ』（東信堂、2021年）に所収）の記述と内容的に重なるところがある。

18　保険経済学の用語で表現するなら、保険料は期待損失額だということになる。

とは、誰かの負担で誰かの損失が補填されるという意味での「たすけあい」ではない。このことは、逆にいえば契約者間の公平が確率をふまえた上で保たれているということを意味する。このような次元での「たすけあい」のことを本書では「たすけあいⅠ」と名づけている。

　保険や共済において、誰かの負担で他の誰かの損失が補填されるという意味での「たすけあい」が生じる可能性があるだろうか。給付反対給付均等の原則と収支相等の原則を基本とする保険市場の世界では不可能である。なぜなら保険市場において、他人の保険給付のために給付反対給付均等の原則に相当する保険料よりも高い保険料を払ってもよいという人が登場することは考えられないからだ。

　共済という事業においては、この考えを共済商品にビルトインする余地がある。共済団体そのものが協同組合の組合員で成り立っているため、低いリスクの者から高いリスクの者への内部補助を許容する余地があるからだ。たとえば、ある種の共済商品では、年齢を細分化していない画一的な掛金を採用することがある。この商品設計思想には、低いリスクの者から高いリスクの者への内部補助を許容し得る発想があることを見逃すことはできない。

　この発想について説明すれば、次のようになる。市場の規律が強くはたらく保険商品の場合には、内部補助が存在すると、保険集団から低いリスクの者が去っていく。たとえば、リスク細分化保険が提供されることにより、低いリスクの者は別の商品に移動するはずだ。しかしながら、共済商品の場合は、組合員以外に商品を提供するわけではないため、市場の規律のはたらきが保険商品より緩やかである。また協同組合の組合員が加入者であるということから逆選択を防ぐ要素を一定程度もつはずである。このような土壌の相違により、共済商品の方が内部補助に対して比較的寛容だと思われる[19]。

　具体例をあげてみよう。大学生協共済連による学生総合共済は、学生

のケガに対する給付を行っているが、大学によっては体育会系の学生に傾斜して給付されるという実態がみられる。しかし、組合員である学生から体育会系の学生の加入を拒否すべきとか、割増の掛金をとるべきであるとかいう意見は今のところ聞かれない。少々の内部補助があるものの、学生として連帯する気持ちをもっているかぎり、このような内部補助があながち否定されるわけではない。この内部補助を前提とした「たすけあい」は「たすけたあいⅠ」とは異なるものである。

　「たすけあいⅠ」は、保険と共済が共有する「たすけあい」の機能だが、「たすけあいⅡ」は、共済においてのみ存在し得る「たすけあい」の機能であると考えることができる。

3.2　共済との出会いと初期共済に関する学説史

「たすけあい」をめぐる保険と共済

　保険と「たすけあい」をめぐる諸説の中には、保険のルーツが相互扶助の組織であったことを強調する意見がある。日本でいえば、頼母子や無尽が発展して保険が誕生したので、保険に「たすけあい」が残っていると考えるわけである。しかし保険の歴史を紐解いても、伝統的な社会の相互扶助組織が発展して近代保険会社となった事例をみることは稀である。日本では、無尽から無尽会社、そして第二地銀の前身である相互銀行が誕生しているが、管見のかぎり、頼母子から近代保険会社に発展したケースはない。

　したがって歴史的にいえば、近代保険と相互扶助の理念を直接結びつ

☆

19　共済であっても、必ずしも逆選択に対して寛容であるとは限らない。母体となる協同組合の規模や性質にも影響を受ける。

けるのは無理がある。では、協同組合による共済団体はどうだろうか。協同組合は、組合員相互の助け合いのために設立されたものであるので、協同組合を母体とした「共済」は、「たすけあい」のためにあるという主張がなされるかもしれない。

　共済が協同組合による組合員への派生的なサービスの提供であるということならば、たしかに組合員相互の福利という意味で「たすけあい」といえる。しかしながらJA共済、こくみん共済coop、コープ共済などの比較的規模の大きな「共済」は、組合員への派生的なサービスにとどまるものではなく、保険商品と同じような機能を提供する共済事業として展開されるものである。事業としての「共済」も、組合の派生サービスと同様に「たすけあい」を実現するものであるのだろうか。

　思考実験として次のような仮説を検討してみよう。すなわち、保険は資本家が利益を求めるためのものであり、共済は組合員相互の「たすけあい」のためのものであるという仮説である。この仮説は正しいのだろうか。保険会社が株式会社であったからといって、保険の仕組みを前提とするからには、「たすけあいⅠ」の機能を提供しなければならない。十分に競争的な市場を前提とすれば、その株式会社が株主のための追加利益を保険料に上乗せすれば株主は喜ぶかもしれないが、その会社は保険市場における競争力を失う。なぜなら別の保険会社が資本家への追加利益を保険料に上乗せしなくても十分に競争的な保険料体系を提示できるからである。競争的な市場を前提とすれば、保険株式会社は、市場による規律づけにより、契約者を犠牲にして株主の利益になるような行為を行うことができない。

　同様の理由で、共済団体であっても競争的な市場の中では、一部の契約者に利益のあるような行動をとることはできない。よって、たとえば特定の共済団体に法的に認められている員外利用により、市場に近い共済商品を募集している場合には、商品に「たすけあいⅡ」を組み込むこ

とは簡単ではない。このように市場の規律づけが強く働く市場で推進される共済商品は、協同組合保険と称すべきかもしれない。

　これに対して、協同組合員のみが共済契約者となるような比較的小規模な共済商品の場合は、市場の規律づけが弱いため「たすけあいⅡ」を組み込みやすい。このような共済商品を概念としては、協同組合保険とは区別して「共済」と呼ぶことができるのではなかろうか。この点については、本章の最後でもあらためて論じることにしたい。

保険・共済リテラシー

　保険と共済の相違については、過去に多くの学者が論じているが、管見のかぎり定説がない。本書は、両者の相違を明らかにすることが、保険と共済の両陣営ばかりでなく、保険・共済サービスを購入する消費者のためにもなると考えている。現在ではあまりみられなくなったが、保険陣営が共済の未熟な保険技術を冷笑したり、共済陣営が自分達こそ「たすけあい」を目的とする団体と位置づけて保険会社を「独占資本」として批判したりすることがあった。このような両陣営間の誤解にもとづく「プロパガンダ」合戦は、保険や共済をそれぞれの特性に応じて必要とする消費者にとってけっして有益なことではない。

　消費者が、リスク移転サービスの購入を希望する場合、保険法第 2 条で「共済契約その他いかなる名称であるかを問わず」とあるように、保険であっても共済であってもかまわない。消費者にとって有益な情報は、両陣営の提供する「商品」の機能なのだ。そこで、金融教育の一環としての保険リテラシーばかりではなく、共済リテラシーや社会保障制度を含めた、パーソナル・リスクマネジメントのリテラシーが重要である。ただし、本書では社会保障制度までを論じることはできないので、保険・共済リテラシーの重要性を指摘し、そのためには両者の提供する「商品」の機能を理解することが大切だということを述べるにとどめて

おく☆20。

研究対象・経営主体としての共済

　約50年前に保険研究者が共済をどのように理解し、また共済にいかなる姿勢を示したのかを知る機会を日本共済協会から与えられた。『共済と保険』の出版50周年の企画で、同誌の初期論文をPDF化したものを順次読ませていただき、その感想を記事にまとめるという企画であった。目次を眺めながら、保険研究の先達というべき先生方の書いた共済に関する論文を片っ端から読ませていただけるようにお願いした☆21。

　論文を読み進むにつれて、先達の先生方が当時の「共済」をどのように理解していたのかの輪郭がみえてきた。その結果、保険の分野では学説史的な整理が分野によっては行われてきたが、保険学者による「共済」をめぐる学説史的研究が行われていないことを知った。

　ここで、大変恐縮であるが、一介の保険研究者が、共済研究に踏み込むことができたきっかけについて、個人的な記述を行うのをお許しいただきたい。そもそも『共済と保険』編集部からこのような機会をいただいたのは、保険法に関する法制審議会の委員だった際に五十音順で並ぶ座席の横が共済代表のY氏だったという偶然のめぐりあわせからである。Y氏からは共済に関する多くの情報をいただいたばかりでなく、日

☆
20　金融リテラシーに関する優れた教科書は多いが、ここでは、吉野直行監修、上村協子＝藤野次雄＝重川純子編『生活者の金融リテラシー－ライフプランとマネーマネジメント』（朝倉書店、2019年）をあげておく。

21　『共済と保険』（当初は『共済保険研究』という名称。以後、原則として『共済と保険』に表記を統一）の創刊号から10年間に掲載されたものからかなり多くの論文を読ませていただいた。創刊号が1959年1月号なので1968年12月号までということになる。創刊号にいたる時代背景は、東京オリンピック（1964年）をはさんだいわゆる高度成長期に属する時期である。昭和30年代から40年代初めであるが、都市化、核家族化が本格的に進み、戦前の社会構造が大きく変貌する時期に当たっている。

本共済協会において、共済経営を研究する機会も与えていただいた。

　さらに当時在職していた一橋大学の大学消費生活協同組合の理事（その後理事長）となり、その勢いで全国大学生協共済連の理事となったことも私にとっては大きな出来事であった。小規模であるとはいえ全国の大学生の約半数を対象として共済推進している団体の運営に関与することになったわけである。現在では、全国大学生協共済連の会長理事を拝命している。自分でも信じられないことに、業務執行という意味では形式的な役職であるとはいえ、共済事業主体の経営当事者を兼任するに至っている。この間、保険研究者という観点から、わが国の共済実務を学ぶことができ、その経験が本書に結実することになった。本書が、保険と共済の間の相違を明らかにするばかりでなく、多様なニーズをもった生活者に対して、多様な保険・共済サービスを提供される契機となることを願ってやまない。

「わがままに温故知新」の連載

　ここには書き切れないがたくさんの人々のご縁から「共済」に深く関連することになったのだが、私は「共済理論」というものは学んだことがないので、「保険理論」を基準として共済を考えている。先達の論文を読むうちに、私のいだいていた課題である保険と共済の相違について理解が進んできたような気がした。そこで『共済と保険』編集部から連載を書くことを許可してもらい、8回にわたって掲載していただいた。本書の第3章の以下の部分は、「わがままに温故知新」というタイトルで連載した記事を中心にまとめた☆22。転載を認めていただいた「共済と保険」編集部（日本共済協会企画部）には、あらためてこの場をお借りして感謝したい。

　私と同じぐらいの世代の方は、この章から懐かしい時代の香りを嗅ぎ取っていただけるかもしれない。この時代はある意味では学生達にとっ

て幸福な時代であった。ラッセルの次のような言葉を思い出す。「西欧諸国の最も知的な青年たちは、自分の最もすぐれた才能を十分に発揮できる仕事が見つからないことに起因する不幸に陥りがちであることを認めなければならない。しかし、東洋諸国では、そういうことではない。今日、知的な青年たちは、世界じゅうのどこよりも、たぶんロシアにおいて最も幸福である。そこには、創造すべき新世界があり、新世界を創造する際に拠るべき熱烈な信仰がある」☆23。現在の本務校の生協の 60 周年記念事業の際に、学食がまずいと言ったら先輩から「イデオロギーで飯を喰え」と叱られたという逸話を聞いた。今となっては笑い話であるが、若者達のあいだに社会変革が生活と直接結びつくという実感のあったある意味で幸せな時代だったのである。

　読者の皆さんの多くは、私より若い人が多いと思われるが、皆さんはこのようなノスタルジーに共鳴する必要はない。皆さんの新しい感覚で共済と保険の類似点と相異点は何かということを考えてくれる材料としてくれたらよい。この章の後半を読んでいただくと、当時はずいぶん古臭いことを考えていたように感じられるかもしれないが、共済と保険の相異を明らかにするための重要なパーツはすべてこの 10 年の学説史に含まれているといっても過言ではない。

　本書の学説史的整理に対する評価は、共済に関心のある多くの研究者にゆだねるべきであろう。私の解釈に誤りがある場合には忌憚のないご批判をいただきたい。ここで取り扱った『共済と保険』の論文はすべて

☆────────────────

22　連載で取り上げた論文は、私からいえば、いずれも大先生の論稿である。世が世ならば私のような若輩が「評価」めいたことを書くことなど許されない大家の先生ばかりである。学識の深さでは私ごときでは遠く及ばない先生方に対して、私の唯一の優位性は、「岡目八目」ということ。当時の議論の背景にある歴史性を読みとって、客観的に読み解くと同時に、先生方の共済や保険への当時の熱い思いにも触れることができた。

23　ラッセル『幸福論』（岩波文庫）162 頁。原著、B. Russell, *The Conquest of Happiness* は 1930 年に発行されている。

日本共済協会で PDF 化されているので担当者のご好意があれば閲覧できるはずだ。ご興味のある方は、日本共済協会にお問い合わせいただきたい。

3.3　共済事業の誕生と共済保険研究会の設立

共済事業の誕生：農協共済

　わが国の共済事業が展開されたのは、第 2 次世界大戦後のことである。戦後すぐの保険業法改正において、協同組合保険を保険業法に組み込むことが検討され、その文書化にまで至ったようだが、最終的には保険業法に盛り込まれることがなかった。これに対して、1947（昭 22）年に農業協同組合法、1948（昭 23）年に消費生活協同組合法、1949（昭 24）年に中小企業等協同組合法が続けて成立し、各種協同組合において共済事業が展開されるための根拠法となった。

　共済事業を牽引したのは、農協の共済事業であった。1948（昭 23）年の初めに北海道共済連が設立され、その後農協共済が各地に誕生することになった。1951（昭 26）年には全共連の設立認可があり、建物共済（1952（昭 27）年）、生命共済（1952（昭 27）年）、および建物更生共済（1953（昭 28）年）が誕生した。昭和 20 年代末から昭和 30 年代の初めに府県共済連が設立され、農協共済の推進網が全国的に完成することになった。1958（昭 33）年には全国的な集中推進方式が開始され、その結果、1961（昭 36）年には長期共済の保有高が 1 兆円を超えた。

農協共済以外の共済団体の展開

　農協共済以外の共済団体についてはどうだったのだろうか。本位田祥男が示した三つのタイプの一般市民の共済生協に即して考えてみよう。本位田によれば、第一のタイプは同業者の全国的な組織、第二のタイプは名古屋市民共済生協のような市民一般の生協、第三のタイプは労働組合を基盤とする労働者共済生協である。

　第一のタイプに属する共済組合には、特定郵便局長、酒販、煙草販売、塩業、町村職員、都市職員の6組合があり、火災共済を実施していた。また専門的な同業者組合とはいえないが、全国森林組合連合会と全国食糧事業協組連合会も6組合と同じく火災共済を加入者に提供していた。なおこれらの組合のほとんどは、中小企業等協同組合法の成立後も、改組せずに従来どおり火災共済を実施した。

　第二の類型である一般市民の共済生協はやや遅れて誕生した。このタイプでは消防署が指導的な役割を演じたものが多く、1953（昭28）年に全国に先駆けて創立された東京共済生協の理事長は、「火災共済と消防とは車の両輪である」と述べている。1960（昭35）年末に同種の組合数は13組合存在し組合員は50万人であった。そのうち最大のものが上述した名古屋市民共済生協であり、組合員数は81,000人に上っている。これらの共済生協は、全国共済生活協同組合連合会を組織しているが、常設の事務所をもたず、求心性は強いものではなかった。第一類型と第二類型については、いずれも火災共済を提供する組合であったが、1957（昭32）年から1959（昭34）年頃は揺籃期といってもよかった。

　第三の類型に属する労働者による共済事業は1954（昭29）年に大阪で成功をおさめ、続いて新潟、長野、北海道、福島、東京に拡大した。1957（昭32）年には、18の都道府県の生協により、全国労働者共済生活協同組合連合会（労済連）が結成され、火災再共済事業が開始された。

また続いて生命共済の引き受けもはじめられた（以上の記述は、本位田祥男「共済生活協同組合の展開」『共済と保険』1962年を参照）。

蛇足であるが、大学生協共済や日本コープ共済などは、1980年代はじめに事業を開始した比較的若い共済であり、保険審議会や共済保険研究会が発足した1959（昭34）にはまだ誕生していない。

民保との対立とその理由

各種協同組合は、前述の三つの協同組合法を法的根拠として、共済事業を展開した。事業が予想以上に大きく展開することになったため、民間保険会社との軋轢が生じた。この軋轢の根本的な理由は協同組合関連諸法の「共済事業」規定であった。本位田祥男の次の説明は傾聴すべきものである。少々長くなるが引用しておこう。

「戦前からわが国では共済会あるいは共済組合が普及していたが其事業を見ると大体次の三種類に分かれていた。①予かじめ一定の基金を設けあるいは、拠金をして、組合員の慶弔にさいし一定の見舞金または祝金を贈る。②組合員に事故があったつど、一定の共済金を他の組合員から按分徴収して贈る。③一定の掛金をあらかじめ徴収し、事故のあった組合に、その契約金額を支払う。①と②は昔から行われた共済事業であって、洋の東西を問わない。いやしくも庶民の団体のある所ではこのような相互扶助が行われていた。戦後の協同組合法の立法者もほぼこの程度の共済事業を頭の中に描いていたことは、法律案の説明のなかにもうかがわれる。しかし凡ての協同組合法の中には、単に共済をはかる、と書いているだけで内容は制限していない」（本位田祥男「協同組合の共済事業」『共済と保険』1960年）。

このように協同組合法は共済事業を認めていたが、その内容について具体的に示していなかったが、かといって内容を制限しているわけでもなかった。民保側は拡大解釈と考え、共済側は当然の解釈だと主張す

る。このような法的解釈が、後の対立の出発点にあったことを記憶すべきであろう。その後、お互いに相手に対する「偏見」や「敵対意識」が顕在化し、対立は深刻さを増すことになる。民保側は、リスクの分散ができてない不完全な共済は健全性に欠くと批判し、共済側は民保が独占資本のために庶民を収奪するなどと批判した時期があった。

わが国の共済問題が質的転換を遂げたのは 1957（昭 32）年末における中小企業火災共済協同組合の認可であったといわれている。これ以降は、保険業界が共済を類似保険という用語をもちいて非難することが少なくなったという。笠原長寿によれば、その後しばらくは、「共済概念の未定着と理論的解明の未熟さ及び保険行政上の不統一と混乱」に悩まされていた。この事情が、1959（昭 34）年における保険審議会の設置や共済保険研究会の設立を要請したのである。

社会政治的状況の変化と保険審議会

ところで 1956（昭 31）年に日本は国連に加盟し、国際社会に正式に復帰した。また戦後の経済再建が進み、1959（昭 34）年には、経済白書において「もはや戦後ではない」という宣言が行われた。あわせて全国民を対象とする社会保障制度も確立するようになった。1958（昭 33）年に国民健康保険法、1959（昭 34）年に国民年金法が改正され、1961（昭 36）年から国民皆保険・皆年金が実施された。

これらの社会的・経済的変化を受けて、民間保険の側でも変化が生じていた。たとえば、生保でいえば、保有契約の実質的価値が 1959（昭 34）年 3 月末で戦前の水準を超えて事業基盤がより堅固なものとなり、将来の保険産業の在り方について真剣に考える場を求めるようになっていた。これらの状況の中で、保険審議会が、民保の有する諸般の問題を緊急性と特殊性にかんがみて審議する必要性の場として設置された。第 1 回の保険審議会は、1959（昭 34）年 4 月に開催された。

共済保険研究会の設立とその趣旨

　民保側の一連の動向に対して、共済陣営では、保険審議会に対するカウンターパートとして「共済保険研究会」を設立し、またその研究の成果を問うものとして会誌『共済保険研究』を刊行することとした。会長理事に就任した印南博吉は、挨拶で次のように述べた。「保険と共済とがお互いその城にとぢこもることなく、十分よく研究し合い。共済保険研究会を通じて高い立場から、賢明な指針を得られたい」。共済保険研究会は、それまでの「対立」を強めるのではなく、将来において保険と共済の相互理解とその健全化に寄与することが期待されるものであった。

　「共済保険研究会」の設立総会ならびに『共済保険研究（共済と保険）』の発刊記念会は、1959（昭34）年6月22日に衆議院第一議員会館の第一会議室で開催された。11時から総会が始まり、定款等について決議したほか、役員を選任した。会長理事には印南博吉、理事には、打越顕太郎、下山一二、西村清俊、黒川泰一、二宮彌三郎、早水正夫、矢田部義雄、高橋新太郎、酒井幸二郎の9名。そして顧問には賀川豊彦が就任した。設立総会後、昼食をはさんで、12時30分から発刊記念会が行われ、午後2時には無事に閉会した（『共済と保険』1959年4月号）。

3.4 印南博吉―現実的な眼をもった理想主義者―

共済は事業であり、保険は営業である

　共済保険研究会会長の印南博吉が、共済と保険の相違についてどのような認識をしていたのかを、「共済事業の性格と前途」（『共済と保険』第1号、1956年）から明らかにしたい。

　印南の定義はきわめてわかりやすい。「共済は事業であり、保険は営

業である」というのだ。この文言だけ読むと、共済
は「非営利事業」で保険は「営利事業」であること
を強調しているようにみえるが、じつはそうではな
い。印南は、保険には相互会社という企業形態が存
在しているため、共済は非営利で保険は営利である
という区分をすることは難しいと考えていた。「共
済は事業であり、保険は営業である」という言説で

印南博吉

印南が述べたかったことは、保険は不特定を相手にする事業であるとい
う意味で「営業」を行うものであり、共済は一定の地域または職域団体
に属する者に限って行う活動であるため「営業」とはいえないというこ
とである。

　さらに、この相違に加えて共済の「扶け合いの理念」を強調する。印
南によれば、保険は、「共存共栄、相互扶助の精神に立脚した事業」だ
といわれることがあるが、それは「加入者の精神についてみるかぎり、
これはマッカな嘘であり、保険事業を不当に美化」するものであるとい
う。相互扶助の精神は、「営業」を行う保険にあらわれるものではな
く、「事業」である共済にこそあらわれるものであるとする。印南は、
共済の保険との相違はこの点にあると考えたのである。

純粋共済と保険の中間に存在するもの

　では、すべての共済団体において「扶け合いの理念」が貫徹している
のだろうか。印南は、共済事業の仕組みそのものは、「給付反対給付均
等の原則」と「収支相等の原則」という保険の技術的原則に立脚するも
のであると認識していた。さらに共済団体の現実の多様な存在形態に対
してリアリストの感覚をもっていた。印南は次のように述べる。「共済
が相互救済の精神に立脚するのに対し、保険には救済性が含まれないと
いう基本的な相違があるが、ときには純粋共済に近く、ときには保険に

近いこと」がある。この視点は、のちに笠原長寿や水島一也から批判されるが、現代の眼からみれば、印南が現状分析的に鋭い感覚をもつ研究者であると評価できるのではなかろうか。のちに印南は保険産業史（『現代産業発達史、保険』現代産業発達史研究会、1966年）の編集を行っているが、この業績は、印南の実証主義的な研究者として特徴をよく示すものである。

社会の発展と共済事業の展望

印南は、「保険も共済も経済準備の社会合理的な形態」であり、どちらかだけが認められるべきというものではないという。両者は「競争」するのが望ましいが、競争によってお互いに傷つけあう時には行政措置が必要であると考える。この見解は、印南の現実主義者的な側面を反映したものであり、共済保険研究会の存在意義に通じる認識である。

これに反して、歴史的な発展史の中での共済を理解する場合において、印南は理想主義者であった。彼はいう。独占資本主義は、労働者をはじめとしてその強圧に対抗する各種の職域団体を生み、新しい性格の組合社会を誕生させた。社会主義は組合主義の具体化したものである。「利益社会から組合社会へ」というのが今日の資本主義陣営における大勢であるとしたら、社会主義陣営は「組合社会から共同社会へ」という目標を負って進んでいる。印南は、この傾向は、「固陋な偏見をもたないかぎり、いかなる現代人も否定しえない人類社会の大局的な動き」であり、保険も共済もこの動向とは無関係ではないという。米谷隆三が、「共済の終わりは保険、保険の終わりは共済」と述べたのは、まさにこのことであると印南は語る。

理想主義と現状分析の眼

共済保険研究会の創立期の印南博吉の論文だけから、学者としての印

南を評価することはできない。しかしそれを承知の上で、わがままに「温故知新」をくわだててみよう。われわれは、印南博吉の言説を当時の社会情勢の文脈の中で理解する必要があるだろう。

当時の知識人の多くが、資本主義から社会主義、そして共産主義への体制転換を「いかなる現代人も否定しえない人類社会の大局的な動き」として信じていた時代であった。しかし、この展望は、その後の歴史によってことごとく覆されている。

印南は、マルクス主義にもとづく理想主義的な歴史観を主張する一方で、最後に次のように述べることを忘れていない。「以上の考察は、大局的な観察にほかならないのであって、すべての共済事業に例外なく当てはまるというわけではない。これについては、共済事業加入者の正しい理解と、経営当局の賢明な判断とが不可欠であり、監督当局の適切な行政指導と相俟って、初めて『明日を担う』べき共済事業は洋々たる前途を迎えうるわけである」。

印南は、マルクス主義にもとづく自己の信念と現状分析を厳然と分離するタイプの学者であった。この点において、マルクス主義を共済分析の方法論として活かすという信念を貫いた後述の笠原長寿とは対照的であった。

3.5　水島一也―産業組織論から水島保険学へ―

歴史的存在としての共済

印南が示した共済と保険に関する現状認識に対して批判的立場を表明した学者として、笠原長寿と水島一也をあげることができる。笠原も水島も「歴史的存在」として共済を理解すべきであるという立脚点から批判を行ったが、そのスタイルは異なっていた。誤解を恐れずに簡潔にい

えば、笠原は純粋かつポレミックなタイプであり、水島は細部にこだわることなく論文全体を通して内在的な批判を行うタイプである。ここでは、水島一也「組合保険問題分析の基本的立場」(『共済と保険』1959年4月)を取り上げ、水島の「共済論」を明らかにしたい。

保険業法・産業組合法をめぐる水島の歴史的解釈への疑問

水島は、笠原長寿「組合保険問題について」(『明治大学商学研究所年報』第3集)を引用し、保険事業の矛盾は、笠原の指摘するように資本主義の特質に根差すものであると明言する。明治33年の保険業法の成立事情に関連して、次のように述べている。「組合保険は、保険の国家保護育成の結果として、狭小な市場を荒らすものとして業法によって斥けられ、僅に産業組合法(明治33年)

水島一也

による産業組合運動に活路を見出さざるを得なかった」。このため、組合保険たる共済が誕生する以前の戦前の段階においては、「組合保険のエネルギーは、資本主義的保険企業への矛盾の認識に立脚」していた。

水島のこの見解に関していえば、保険業法をめぐる成立の背景に国家による組合保険排除の意図があったとすることを実証することは難しい。保険業法と産業組合法の立法が異なる推進主体によって独立して行われたからである。さらに、保険産業史の観点からいっても、当時において組合保険が「狭小な市場を荒らす」ほどの存在感があったとする点には疑問がある。水島が明治33年の保険業法にさかのぼって「資本主義的保険企業への矛盾の認識」を強調するのは、理念が先だった歴史解釈といわざるを得ない。ただしこのことをもって、印南批判が的外れであるというわけではない。

バルーの協同組合保険論と水島の批判

　水島が印南批判の手がかりとした、バルー著『協同組合保険論』は、昭和14年に賀川豊彦の訳により叢文閣より出版されている。同書の「新刊紹介」では、「バルウ氏は『協同組合保険』の重要性に目をつけて欧州の事情を詳細に纏めた第一人者」であり、「著者自らも協同組合保険発生より70年を経るが此種研究書は本書が初めてである」とする。さらに同書が、「協同組合運動全般に対する、驚くべき将来性を約束する鍵」として「協同組合保険」を活用しなければならないこと、「営利と搾取を目的とする保険制度を一掃」せねばならぬことを、われわれに教えてくれるとしている。そして末尾には訳者の賀川が「日本が経済的に無産者を救済することを期待し、この意味からしても、こうした翻訳が少しでも、日本の産業組合に貢献し得れば、どんなに幸福か知れない」と述べていることが紹介されている（『ダイヤモンド』昭和14年10月1日号181頁）。

　水島は、営利保険会社に対する対立関係が「最大のメルクマール」であることを認めた上で、同書が相互保険組合と協同保険組合を明確に区別していないことを批判する。バルーは、純粋相互保険が前払確定保険料式に移行して、協同組合保険に発展するという意味で、相互保険組合は協同組合保険の胎児であると主張する。水島は、この認識は社会的歴史的視点の欠除による形式的・現象論的な誤った理解であるという。この批判は、翻っていえば、印南の共済理解が歴史的視点を欠くことに対する婉曲な批判でもある。

　水島はいう。資本主義の確立以前に成立した相互保険組合と「近代資本主義の確立以後の時期においてはじめて出現する組合保険」は、その成立の社会的・歴史的条件において異なるものである。とくに後者については、「経済社会を構成する諸階級のからみ合いの中でどのような位

置づけ」をすべきかという点が大切である。それはなによりも「資本主義的な営利保険に対する反抗としてあらわれた組合保険」として理解すべきであり、「資本制経済社会成立以前に、前近代的形態をもった組合保険」とは明確に区別すべきものである。

協同組合保険に関する現状認識

水島によれば、前近代的な相互保険組合と現在の組合保険の根本的な相違は、後者が、「営利保険が高価なため、生産手段から隔絶された労働者などによって、商業利潤の排除を意図して」協同組合組織を利用したものであることだ。したがってそこには、「中世的連帯思想」は認められないとする。いいかえれば、「人々が組合に参加するのは、物質的利益の獲得という利己主義的動機」によるものである。そのため現代の協同組合保険は、「営利企業と同様の精密な料率体系が必要」である。水島は、前近代的な相互保険組合の連帯理念が、現代の協同組合保険に自動的に連続するのだという考えを断ち切っている。

その結果、協同組合保険の現代的な存在意義を二つ提起する。危険負担機能と資金形成機能である。協同組合保険は、保険市場のアウトサイダーとして営利保険の独占的経営を制約する存在であること。そして共済資金について金融資本に組み込まれない独自の資金活用ができる存在であること、の二つである。なお後者は、資金の流れの分析が必要であるとしている。水島は、次のような懸念を指摘して論文を結んでいる。すなわち、協同組合保険の組織が拡大するとともに、組合保険であっても相互会社と同じような重役専制支配による「資本団体企業」になるという同じ道をたどるという警告である。

水島保険学の形成と継承すべき遺産

水島は、歴史的存在としての組合保険を分析の出発点とし、階級関係

の中で現代の協同組合保険を認識するという方法を純化した結果、その後運動論・理念論から離れ、機能論を中心に据えた産業組織分析を展開することになった。そして保険をめぐる諸問題を様々な視点から極めることにより、いわゆる「水島保険学」と呼ばれる体系を構築した。今回検討した「組合保険問題分析の基本的立場」は、水島保険学の形成の出発点のひとつとして重要な論稿である。

　水島の初期研究において講座派マルクス経済学の理論が与えた影響は大きかった。しかし水島はマルクス経済学の経済分析そのものにコミットすることはなかった。あくまでも保険研究者として、保険分野を対象とする学問研究に集中したのであった。

　われわれが水島の共済認識から継承すべき点をあげるとすれば、協同組合保険をめぐる運動論・理念論と機能論を分離したことであろう。水島は運動論や理念論についてはほとんど言及していない。価値判断の問題は、社会科学になじまないと判断したのかもしれない。この理解が正しいとすれば、水島が講座派マルクス経済学から学んだことは、マルクス主義哲学ではなく、マルクス経済学の方法だったと考えることができる。

3.6　佐波宣平—機能論への純化—

佐波宣平と共済

　佐波宣平は、明治38年に山口県に生まれ、京都帝国大学に進学し、小島昌太郎教授の下で研鑽を積み、戦前において、すでに商学の分野で有望な若手研究者として知られていた。昭和21年に母校の教授となり、昭和26年に『保険学講案』、昭和29年に『改版 交通論』をともに有斐閣から出版するなど、保険論および交通論の両分野においてわが国

を代表する研究者の一人であった。管見のかぎ
り、佐波が本格的に共済事業について触れた論
稿はない。その意味で、今回対象とする、佐波
宣平「共済保険と『扶け合い』運動」（『共済と
保険』1960年6月号）は、佐波の「共済」観を知
る上で貴重な論文である。東京の学界から少し
離れた位置にあって、マルクス主義とは一線を
画した佐波が、共済をどのように理解していた
のかを再確認することは重要であろう。

佐波宣平

「扶け合いの精神」の力説は余計なこと

　佐波は論文の冒頭において、次のように指摘する。「共済を保険と見
做しうるかぎり、共済事業に扶け合い精神の必要を単純に力説するのは
余計なことである。すくなくとも、扶け合い精神を力説しての勧誘推進
は加入者を誤解にみちびきやすい」（「前掲論文」12頁）。この指摘の真意
を理解するためには、佐波の歴史認識と現状分析を知る必要がある。

非社会化の社会化

　佐波によれば、共済は「非社会化の社会化」であるという。「非社会
化」とは、「当の社会から投げ出されるという意味」であり、「投げ出さ
れた者が互いに相集まって団体を構成すること」が、「非社会化の社会
化」である。歴史的にいえば、封建社会における農民、工業社会におけ
る農山漁村が「非社会化」された存在であって、彼らによる共済は、そ
の社会化である。

　このような歴史把握は、その後の歴史文化学研究の成果からみれば素
朴にみえるかもしれない。たとえば、カール・ポランニによれば、伝統
的な社会においては、佐波のいう「非社会化」は救貧法などの社会に組

み込まれた仕組みで内部的に包摂されていた。しかし、工業化にともなって労働力の商品化が進展すると、労働者という「非社会化」を伝統的な社会では包摂できなくなる。そこで誕生したのが、一方で自立した労働者の「組合」であり、他方で自立できない人々を救済する存在としての「福祉国家」である。ポランニに従えば、「非社会化」が深刻となる歴史的局面は、産業革命以降のことであり、佐波の主張とは必ずしも一致しないようにみえる。

「扶け合いの精神」を強調すべきでない理由

　佐波は、「扶け合いの精神」が最初からまったくなかったとはいっていない。当初は「緊密な結集、したがって扶け合い精神の必要が解かれるのは自然」（「前掲論文」15頁）であるが、組織が大きくなるにつれて、扶け合いの精神が事業から乖離することが問題であるという。皮肉をこめて彼はいう。「或る共済団体は、全契約額の当面の目標を、日本生命保険相互会社の全契約額に置いており、『日本生命に追いつき、追い越せ』をそのモットゥにしている」（「前掲論文」15頁）。

　共済団体は、緊密な結集からなる共済の時代からいえば大規模になり、その内容が大きく変化しているため、「扶け合いの精神」が形骸化する。よって、ことさら「扶け合いの精神」を強調することは、形骸化した存在を美化することであり、結果として加入者の誤解を招くというのである。

佐波の「共済」の定義

　印南博吉は、一方に利潤動機の保険を置き、他方に純粋な相互保険を置いて、実際の共済事業はこの中間領域に多様に存在すると考えた。佐波の「共済」観は、印南に近いかもしれない。ただし、よく似た「共済」の定義でありながら、印南は共済による扶け合いを強調し、佐波は

重視しないのは好対照。印南は、緊密に結合した共済でなくとも「扶け合いの精神」は変わらずに存在すると考え、佐波は共済団体が大規模化すると「扶け合いの精神」は形骸化すると考えた。

原始的共済と近代的保険を両端において、その間に共済団体が多様に存在するという定義づけに対して、水島と笠原は、共済団体を歴史的存在として把握していないと批判した。水島によれば、現代の共済団体を「資本制経済社会成立以前に、前近代的形態をもった組合保険」の間の相違を程度の差に還元してしまい、両者の同質性や連続性を見出そうとする方法は誤りであるという。これは、水島が意識したかどうかは別として、印南への批判ばかりでなく、佐波に対するものでもある。

企業形態と組織運営の区別

佐波の冒頭の指摘は、扶け合いの精神の乖離という現状認識と強く結びついている。佐波は、さらに乖離を越えて、次のように述べる。相互会社も含めて「相互依存の組織を客観的にとっているということと、相互扶助の精神に盛り立てられて成るということは必ずしも同一ではない」（「前掲論文」21頁）。この指摘は、企業形態と組織運営を明確に分離して理解すべきことを強調するものと捉えることができる。

佐波の「共済」観の特徴と佐波から学ぶこと

佐波の共済論は、佐波自身の「非社会化の社会化」という命題から導かれるものであり、そのかぎりにおいては、ポランニの研究や、マルクス経済学による歴史的存在としての共済論による批判を許すものだった。また共済と「扶け合いの精神」の関係においても、なぜ「扶け合いの精神を力説して勧誘を推進してはならないのか」ということを明示的に説明するのではなく、「扶け合いの精神」が乖離しているという現状認識の立場から主張するものであった。

にもかかわらず、「相互依存の組織を客観的にとっているということと、相互扶助の精神にもり立てられて成るということは必ずしも同一でない」として、企業形態の次元と組織運営の理念を明確に区別して論じようとした。このことは、現代でも参考にすべき指摘ではあるまいか。さらに、佐波の理念論を除去して機能論に向かうという方向性は、その後、数学研究に重きをおきながら保険研究を深化させようとした佐波保険学を暗示するものだった。佐波の示した方向性は、保険の仕組みやリスクの性質を数理的に解明するという潮流となって現在でも引き継がれている。

3.7 園乾治―保険を軸とした現実的な理解―

慶應保険学の基礎を築いた園乾治

『共済保険研究』発刊記念会の席上での講演をもとに園乾治が執筆した「保険と対照してみた共済の本質と現状」（『共済と保険』1959年8月号）を中心に、園の共済理解について検討する。園乾治は1918年慶應義塾大学部理財科卒業後、経済学部助手となり、1923−1926年欧米に留学後、同学部教授に就任した。担当は工業政策および保険学であった。戦後も商学部長、慶應義塾評議員・理事を歴任し、文部省、労働省、郵政省などの社会保険関係の審議会や協議会の委員を幅広く務め、1988年に享年93歳で逝去した（『慶應義塾史事典』所収白石孝「園乾治」を参照）。慶應義塾大学の保険学研究の基礎を築いた重要な研究者である。

共済理解の枠組み

園は、論文の冒頭で「創刊号の機関誌を拝見しますと、私が申し上げようと思うことを、そっくり印南先生が書いておられます」と述べてい

るが、これはある種の謙譲表現であり、園の共済
理解は印南とは明らかに異なっていた。一方に近
代保険、他方に原始的共済を置くという枠組みに
ついては印南や佐波と同様だったが、保険と共済
の相違の理解は、園独自のものといってよいもの
であった。

園　乾治

　保険の本質に照らし「保険といっても少しも差
し支えないもの」がある反面、合理的な掛金の計算に欠いたりするまっ
たく保険といえないものまで様々な共済がある。園によれば、保険の本
質とは、「経済を安定する手段を合理的な拠出をもって多数の経済主体
が綜合的に準備するところの経済上の仕組み」（14頁）である。この本
質に照らし合わせてみると、農業協同組合の共済事業は、名目的に共済
であるが、実質的には保険である。しかし合理的な拠出金の積立を行っ
ていないような、特別法にもとづかないところの共済事業の場合は実質
的にも保険ではない、すなわち「共済」である。

　印南博吉は、保険を利益団体、共済を扶け合い団体とし、保険の側と
共済の側のそれぞれに異なった論理があるという考え方をとっていた。
これに対して、園は、「保険の本質」のみを基準として保険と共済の相
違を判定し、扶け合いのような「純精神的なもの」を排除している。

　このため園の論文の標題にある「共済の本質」という言葉に、共済の
独自性の指摘を期待すると裏切られることになる。あえて言うならば、
共済とは、保険の合理的な技術を備えていない原始的な存在が「本質」
なのだ。だからといって、現実の共済団体がすべて原始的であるのでは
なく、実質的には保険だが、名目的に共済であるような、合理的で経営
基盤をもった農業協同組合のような存在があるというのだ。

共済に対する規制のあり方

　園の考え方は保険の本質を基準とした二分法にみえるが、実際には「中間的なものもある」（21頁）と考えている。つまり、部分的に保険技術を取り入れているような共済団体が存在するという認識である。この認識から、共済団体が実質的に保険であるという理由で、保険業と同一の規制を強制するのは「いきすぎ」であると指摘する。他方、返す刀で、保険と共済は本質的に異なるものなので、そもそも同一の規制はありえないと主張する共済陣営に対しては疑問を投げかけている。

　保険事業と共済事業の相違について、「共済事業にはその一部に保険事業と同じ性質がありますが、また保険事業ということができないものがありますが、また原始保険かあるいは準保険であるという一面もあるのではないかと考えています」（22頁）と述べている。保険と共済の相違は、「実体に即して断定」するより他はないという。このように園の主張は、制度的な議論を行う場合には、保険と共済の理念的な相違を出発点とするのではなく、実態に即して個別に議論するのがよいということのようだ。このような立ち位置については、確かに印南と共通するものがある。

保険と共済の相違に対する批判

　しかしながら、細部については印南と意見を異にする。たとえば、印南は、保険が不特定多数を顧客とするのに対して、共済は特定多数を相手にするという相違に着眼したが、この点について園は否定的である。その理由は、特定の共済団体で員外利用が認められているほか、相互会社は不特定多数の顧客を相手しているという事実をあげる。このためこの相違は、共済を保険と区別する明白な相違点とはいいがたいという。員外利用の意義を問うというのではなく、現実として行われている員外

利用を認めた上で、保険と共済の相違を考えるというのが園の立論である。

相違が存続する理由

では、園にとって共済とは何だろうか。当該論文では園はこの問いに対して答えていない。しかし、別稿（「生命保険と生命共済」生命保険文化センター『所報』8号、1962年）で自分の見解を述べている。園によれば、保険の本質からかけ離れたところにある共済団体は、原始的であり、非合理な存在である。このような存在が「共済」であるという。非合理でありながら、現代にも存在する理由を知るには、歴史的な文脈から理解する必要があるとし、原始的な存在が今なお存続しているのは、政治的な要因によるものであることを強調する。当時の水島や笠原は、共済団体を歴史的な存在形態として位置づけようとしていたが、園の場合は、階級史観による歴史的文脈ではない。あえて解釈すれば、近年の歴史学の言葉でいうところの径路依存性（path dependency）に近い認識かもしれない。

何を学ぶのか

論文から判断するかぎり、園は保険技術を重視する学者であり、リアリストであるという印象が強い。「扶け合い理念」は、園にとって「共済の本質」ではなかった。保険の本質の定義から、共済を測るという方法は、当時の共済陣営からみると、「保険よりの見方」であるという抵抗があったかもしれない。しかし、当時、経営基盤の脆弱な共済団体が数多く存在していたことを考えると、園の批判がまったく的外れであるというわけではなかった。

現代においては、園のいう「保険の本質」を備えていない共済団体はほとんど見られなくなっている。それは、合理的な掛金の算定、当局に

よるソルベンシー規制、連合会組織などを利用したリスクの分散などが共済団体において普及しているからである。このように考えると、園の立論は、保険対共済ではなく、会社保険対協同組合保険という次元で論ずるという方向性をももつものであり、この点において一定の評価をすべきであろう。

3.8　近藤文二—経済学者としての認識—[24]

賦課式と前払確定保険料式

近藤文二「共済事業は保険事業か」（『共済と保険』1959年11月号）を対象として、近藤の共済への理解を明らかにしたい。近藤は、共済も保険も「危険の分散」という経済機能をもつが、共済が賦課式にとどまるのに対して、保険は前払確定保険料である点が異なるとする。また前払確定保険料を確実なもの

近藤文二

とするため、追加的準備金が必要であることを重視する。よって保険技術を駆使している協同組合は共済ではなく、保険に分類されることになる。

共済と保険の相違を、利潤追求如何とする意見があるが、近藤はその点には相違を認めない。「協同組合もまた資本主義社会においては、それ自体が利潤を追求することになる」（16頁）というのである。「利潤」

☆

24　個人的なことで恐縮だが、私が大変お世話になった二人の先生の先生が近藤文二先生である。お世話になったのは、金子卓治と箸方幹逸の両先生。金子先生には、私が関西の大学に勤務している頃、生命保険学セミナー関西部会で大変お世話になった。箸方先生には、連載が終了した時点でご批評を頂戴したいと期待していたが、残念なことに2019年にお亡くなりになった。この場をお借りしてご冥福をお祈り申し上げます。

概念は、マルクス経済学をベースにした用語法を用いているので、わかりにくいかもしれない。そこで、わがまま、かつ強引に現代的に解釈すれば、「協同組合は法律の下では非営利団体とされているが、そのことは、事業体として利益を追求しないということと同義ではない」ということだ。

協同組合保険の実費主義

　協同組合と「保険資本」の相違は、前者が実費主義に徹していることにあるとする見解があるが、近藤文二はこの点にも反対する。実費主義は、保険相互会社でも当てはまるし、保険株式会社でも必ずしも当てはまらないとはいえないという。近藤の考え方は、競争的市場を前提とすれば、実費主義以上の利益を保険料に上乗せする企業は市場で生き残ることができない。この考え方は、新古典派経済学をベースに組み立てられた近年の保険理論における「公正保険料」概念と内容的にはかなり接近するものである☆25。

　しかし当該論文の方法論は、新古典派経済学ではなく、マルクス経済学である。第4節「協同組合保険と保険資本」は、生産部門のみが剰余価値を生むと考える、いわゆる生産力主義を下敷きにした「保険資本」の解釈が展開されるが、現代の読者からみるとやや難解かもしれない。近藤は資本主義の本質が賃労働者から搾取して得られた剰余価値なので、その剰余価値の分与を直接受ける企業保険に対して、所得から保険料を徴収する家計保険との間には本質的な違いがあるという。保険契約を行う経済主体としては、企業も家計も同等であるというのが、今流の考え方であるが、そうではないというのだ。

☆
25　公正保険料とは、市場が自由で競争的な場合に成立し得る保険料のことである。ハリントン＝ニーハウス著、米山高生＝箸方幹逸監訳『保険とリスクマネジメント』（東洋経済新報社、2005年）の第8章を参照。

共済と保険の相違

　近藤によれば、共済と保険の本質的な相違は、（企業保険を対象とせず）「地域的に、あるいは職業的に特定された人びとのみしか加入できない」という点にある。つまり特定の人々のための家計保険に限るということが保険との本質的な相違であるとする。この点において、相互会社と共済は決定的に相違するという。共済を「純粋共済と保険の中間」に位置するものとして、様々な共済の特徴をあげている印南に対して、その特徴はすべて上記の本質的な相違から派生したものであると主張する。さらに印南説に対する批判として、（共済とは関係ないが）保険は収支相等の原則だけでなく、給付反対給付均等の原則を満たす必要があるという説に対して、そうすると社会保険は保険ではなくなってしまうと述べている。

共済と保険業法

　近藤は、団体性・救済性に、共済の特徴が現れているとすれば、それは、特定人の加入を前提にしているからであると考える。そのため「農業協同組合、中小企業等協同組合、および職域生活協同組合などが営む共済は保険業法の対象外」（25頁）とすべきであるとした。一方で、地域のみを限定する共済である地域生活協同組合に対しては保険業法の適用があって当然であるという。銀行において、地方に限定された銀行であっても一元的に監督されるのであるから、「地域の限定」ということのみでは、保険の一元的監督を回避する根拠はないというわけである。保険業法の主要な目的が契約者保護であることを考えると、近藤の主張は、現代の眼からは違和感がある。

　ともあれ、近藤は以上のロジックから、員外加入に対して寛容だった園乾治と異なり、「員外加入のごときは厳にこれをいましめなければな

らぬ」（26 頁）とした。、また同時に「連邦式保険組合」（今の連合会組織ということか？）については、これを強化すべきであるとしている。

小　括

近藤論文に対して、笠原長寿は「結局、共済概念に対しては社会的、経済的分析の姿勢を示しながらも、基本的には技術論議に解消」（「共済研究に関する若干の問題点」1962 年、2 月号）しているという批判を行った。これに対して、近藤文二は、「経済技術からみた共済と保険」（1962 年 8 月）で、自分の方法論についての弁明を行っている。さらに、わが国の共済制度を歴史的に位置づけるためには、協同組合保険への発展だけでなく、社会保険への発展も重要であるとして、共済から社会保険への歴史的展開について明らかにしている。さらに後の連載で触れることになる笠原の水島批判については、水島説を支持するという立場をとっている。

当時新進気鋭の保険学者であった箸方幹逸が、「（近藤）教授は経済学的に保険を定義されようとされた」のであり、保険本質論の議論と混同してはならないとして近藤を擁護している（「保険団体と保険取引」『東京経大学会誌』35 号）。箸方の指摘は適確ではあるが、笠原の近藤批判は、近藤の学問的立場やその言説よりも、保険業法に技術から派生した理念を機械的に適用するような「行い」に対して投げかけられたものであったように思われる。共済は保険資本に対する拮抗力であると考えた笠原にとって、不特定多数の参加ということだけを基準として（笠原からすれば）機械的に保険業法の監督下におくという主張は受け入れがたいと考えたに違いない。

最後に近藤文二がわれわれに残したものは何か、ということについて考えてみよう。保険を技術として捉え、それを市場のなかで理論化する方向性は、現代の保険理論に確実につながっている。近藤自身はマルク

ス経済学を拠り所としていたが、実費主義を論ずる中で、市場を前提とした企業の競争を通して保険価格が決まると考えていた点は、すでに注でも指摘したが、現代の「公正保険料」の概念に接近するものである。このことは、近藤に師事した故箸方教授を中心とした「ハリントン研究会」のメンバーによって、ハリントン＝ニーハウスの著作、*Risk Management and Insurance* の訳出につながっている。

3.9 笠原長寿—未来を夢見た理想主義者—

惜しまれて亡くなった笠原長寿

笠原長寿

笠原長寿は、大正 11 年 1 月に千葉市椿森町に生まれ、昭和 16 年 3 月県立千葉商業学校を卒業し、翌 17 年 1 月から軍隊に勤務し、終戦時は陸軍主計将校であった。戦後、日本保険学会理事長や日本学術会議第三部会委員を歴任しながら、昭和 57 年 10 月 14 日に惜しまれて亡くなった。印南博吉は、追悼文で「数えどし 80 歳の私を残して、59 歳の若さで亡くなったとは、何とも情けないことである」と嘆じている。愛弟子の保険学者押尾直志は、次のように師匠を偲んでいる。「先生の人徳，また強い責任感と自己犠牲的精神，および幅広い識見と天性の優れた鋭敏な判断力と行動力は，周囲の人々に行政上の要職への就任の期待を強く抱かせていった。このような激務の続くなかで，さすがに強靱な先生の肉体も徐々に疲労が蓄積し，病魔の侵蝕を許すこととなったのである」(印南、押尾による追悼文は、ともに『明治大学論集』65 巻に掲載)。

共済研究に関する若干の問題点

　ここでは、笠原保険経済学の到達点を体系的に紹介することはしない。これまでと同様に『共済と保険』誌の刊行から10年間に公表された論文を取り上げて、笠原の共済理解を明らかにしたい。

　笠原は、共済と保険に関連する論稿として、「協同組合保険の歴史的考察」（『共済と保険』1959年7月号）のほか、「共済研究に関する若干の問題点（1）（2）（完）」（『共済と保険』1962年2月号～4月号）および「協同組合保険の現代的意義と今後」（『共済と保険』1968年11月号）を発表している。さらに共済と保険の相違に関連する作品として、主に「共済研究に関する若干の問題点」☆26 に焦点を絞る。

笠原による諸説の整理

　笠原は、多くの論者において共済と保険に関する所説が展開されてきたが、おおむね次の二つに分類できるとする。すなわち、第一に、「既存保険概念の視点に立脚した見解」、第二に「社会的、歴史的視角から共済の経済的位置づけと機能を究明しようと志向」（「保険研究」第13集18頁）した見解である。前者には、印南博吉、近藤文二、園乾治、佐波宣平が属し、後者には、水島一也、三輪昌男、笠原長寿が属するとした。笠原は第二の観点を重視し、第一に属する諸説に対しては厳しく批判した。

印南、近藤、園、佐波に対する批判

　笠原の批判を要約的に述べると以下のとおりである。第一に、印南は

☆
26　この論文のオリジナルは、慶應義塾大学保険学会発行『保険研究』第13集1961年10月に掲載された論文である。

共済団体を純粋共済と保険の中間と位置づけ、保険との違いを相互救済観念の有無としたが、このことは共済事業の物質的基礎である組織運動や事業活動との関連で理解されなければ「倫理的教説に矮小化」（20頁）されることになるという。次に、近藤に対しては、「保険と共済の違いに対してのきめ手は、〔中略〕経済技術説の主張」（21頁）にあるとした点を批判する。さらに、園の共済の規定は、「現状理解的意味では極めて明確であり妥当であるけれども、論理全体を貫くものは極めて形式論理的であり、共済の経済的性格の本質的特徴づけ」（22頁）がなされていないとする。最後に、佐波の見解に対しては、三輪論文（『共済と保険』1960年8月号）で展開された批判と同一であるとして直接には言及していない。

諸説の問題点と笠原の考え方

笠原は、以上の保険学者の共済理解に共通する問題点を以下の三点に整理した。第一に、共済概念の規定にあたって既成保険概念を無原則的に適用。第二に、保険と共済の異同を問題の出発点とし、しかも異同の内容は現象的、形式的な類別に陥っている。第三に、その結果、わが国の共済事業の歴史的、社会経済的性格を十分に把握していないことが問題であるという。

笠原は、共済を固定的で不変的な存在ではなく、また社会と独立に存立できる施設でもないと考えた。「共済が、夫々の社会の発展段階における一定の社会秩序の中に起こった政治的、経済的、技術及びその他の凡ゆる社会的な変化からの影響を受けるのは言うまでもない」（前掲「若干の問題点（2）」24頁）。そこで、笠原は、戦後のわが国における共済事業の発生と発展の歴史的性格、および社会的側面の特徴を以下のように指摘した（前掲「若干の問題点（2）」25頁）。

（1）問題を要請してくる社会的基盤は農民、中小業者、労働者。

(2)　我が国の資本主義的保険政策の矛盾の産物。

(3)　共済事業の抬頭と進出は資本主義的保険企業に対する新たな競争者の出現。

　要するに、わが国の資本主義的発展にともなって生じる弱者の存在を社会的基盤として共済が誕生すること。それゆえ、共済は、資本家的保険企業の競争者として機能するべきであるというのである。

水島説に対する批判

　水島説は、笠原と同様に「社会的、歴史的視角から共済の経済的位置づけと機能」を究明するものである。しかしながら、笠原は水島説を批判する。やや大雑把な理解かもしれないが、その批判は次のようなものである。

　笠原と水島は、上述の（1）と（2）については共通認識であるといってよいだろう。異なるのは、（3）である。笠原は共済の将来の展望に関する問題で水島と認識を異にするという（前掲「若干の問題点（完）」46-52頁）。

　水島は、現代の用語で表現すれば、共済の巨大化にともなってガバナンスが不全となり、組合保険としての自主的性格を喪失し、結局は相互保険会社と変わらない存在となる可能性を強調していた。笠原は、この指摘は、「組合保険関係者への警鐘」として重要であると認めた上で、水島に対して次のような批判を行う。第一は、水島の「論証過程における方法論的混乱」であり、第二は、「論証の基礎とする協同組合論の是非」、第三は、「協同組合論の方法を是認するとしても、組合保険に対して無条件に適用」できないこと、そして第四は、第三と関連するが、「独占段階における組合保険の二律背反的性格を協同組合の場合に準じて規定している内容」が誤りである。

笠原の組合保険に対する理解

　以上の批判の論理的展開は、マルクス経済学の知識がないとわかりにくい。そこで笠原の組合保険の理解をより具体的に示す文言を引用して理解の手がかりとしよう。笠原は次のように述べる。「近代的共済が、自立化した事業体として性格をもち、保険資本との競争から低料政策その他の政策がとられていることは事実である。しかし（水島の主張する）「組合自治から理事者支配」にしても、相互会社の総代会、役員会とは本質的に異なるものであり、民主的経営としての実態と手続きがとられている事を無視してはなるまい。〔中略〕更に、組合保険の性格規定の重点が、保険保護の量的比較におかれているがこのことは、組合保険のもつ階級関係が無視される場合には経済主義におちいる危険」がある〔（　）内は筆者による加筆〕。

　さらに次のように主張する。「例えば、労働者を対象とする組合保険に於ては、少なくとも保険機構を通じた搾取関係は全く止揚されている筈であるし、ほかの組合保険に於ても、資本制社会の下にある限り、資本主義経済法則の作用を受けることは否定できないが、少なくとも最大限保険利潤の追求を目指す資本家的保険企業とは異なった性格をもち、相対的独自な保険関係を形成するものであることは言うまでもない。」

　要約すれば、近代的共済の事業が拡大し、水島のいうように、組合自治が形骸化して理事者支配が生じたとしても、（相互保険会社を含む）保険資本とは異なって、民主的経営の実態と手続きが存在するという事実、また利益追求を目的とする保険資本と異なる目的をもって、資本主義の矛盾から生まれた競争者としての存在であることを無視できないと主張したのである。

むすび

水島説は、水島保険学における産業組織論において、共済という存在が保険産業のアウトサイダーとしての機能を発揮するというロジックとして展開された。この認識は、戦後の保険産業組織の特質を的確に把握した卓見である。水島が指摘した共済のアウトサイダーとしての機能は、保険資本に対抗する存在として発展したものであるという笠原の認識と矛盾するものである。

この点に絞って笠原に問題点があるとすれば、次の二点を指摘することができる。ひとつは、組合保険であるならば、資本家企業のガバナンスとは本質的に異なるものであると、アプリオリに想定したこと。そして、もうひとつは、資本家的保険会社は、保険市場を通して農民、中小業者、労働者などの「弱者」を収奪する存在として振舞うという前提したことである。前者については、組合保険に性善説を想定することに疑問がある。協同組合であるからといって、必ずしもガバナンスが優れているわけではない。後者についても、公式的なマルクス経済学からいえば収奪するというのかもしれないが、自由で競争的な市場の存在を前提とすれば、リスク分散のための手段を提供する保険会社が「弱者」を収奪するような価格設定を行うことは考えにくい。また戦後のわが国の保険監督行政が、保険産業政策よりも消費者保護を重視してきたことも考え合わせると、資本家的保険会社が「弱者」を収奪する存在として振舞うことを前提とすることには無理があるだろう。この点は、むしろ水島のいうように、アウトサイダーとしての共済の存在が、保険会社にきわめて有利な価格付けをさせないように機能したと考えるのが現実に則しているように思われる。

以上、共済と保険に関する諸説に限定して論文を解釈したことから、笠原の「教条的な理解」ばかりを目立たせてしまったかもしれない。し

たがって、笠原保険経済学を正統に評価するためには、水島との論争に絞ることなくより幅広く考えることが必要であろう。以上の記述は、笠原保険経済学のすべてを取り扱ったものではないことを念のため申し添えておきたい。

3.10 ま と め

　以上3.4から3.9では、『共済と保険』誌が刊行されてから10年間に掲載された保険学者の共済に関連する論文をとりあげて、彼らが共済と保険の相違についてどのような認識をしていたのかを明らかにした。個別にとりあげた学者は、印南博吉、水島一也、佐波宣平、園乾治、近藤文二、笠原長寿である。とりあげるべき論文は他にも数多くあった。たとえば、安井信夫、庭田範秋、西藤雅夫、箸方幹逸、末高信などは、貴重な論稿を同誌に残している。また林周二、本位田祥夫のような他分野の著名な学者の論稿も興味深いものがある。しかしながら、当時の学界における共済と保険の相違をめぐる認識を明らかにするという目的からいえば、論者を絞ったほうがよいと考えた。最後に「まとめ」として、検討した保険学者の共済概念を俯瞰してみたい。

共済概念理解のための装置

　共済概念の理解を俯瞰するための装置として、横軸を保険と共済とし、それにガバナンスという縦軸をくわえて象限を考えてみたい。

　印南の共済概念は、第1図のように横軸だけで説明可能である。横軸の両端は、保険と共済であり、右端の共済のイメージは、小規模で顔がみえるような団体による共済、いいかえれば相互扶助関係の存在である。両端を保険技術的な用語で表現すれば、保険が前払確定保険料式の「保険」であるのに対して、共済は、賦課式保険といえよう。印南は、

共済団体であっても、保険技術的に前払確定保険料式を取り入れている
ものもあり、また必ずしも小規模なものばかりではないので、この両端
の間に様々な共済団体が多様に存在するという理解をしている。

《第1図》印南博吉によるイメージ

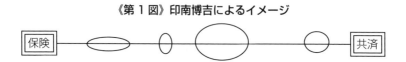

　第2図は、規律づけという縦軸を加えたイメージ図である。「理念に
よる規律づけ」とは、団体の理念が会員に浸透しているため、会員個別
の私的利害が昇華され、民主的な運営が低廉なガバナンスコストで達成
できる状態である。これに対して、「マーケットによる規律づけ」と
は、会員が団体の理念よりも自分の消費を中心に考えるため、民主的な
運営を達成するためには高いガバナンスコストを支払わなければならな
いような状態である。

《第2図》保険と共済の理念と市場の規律づけ

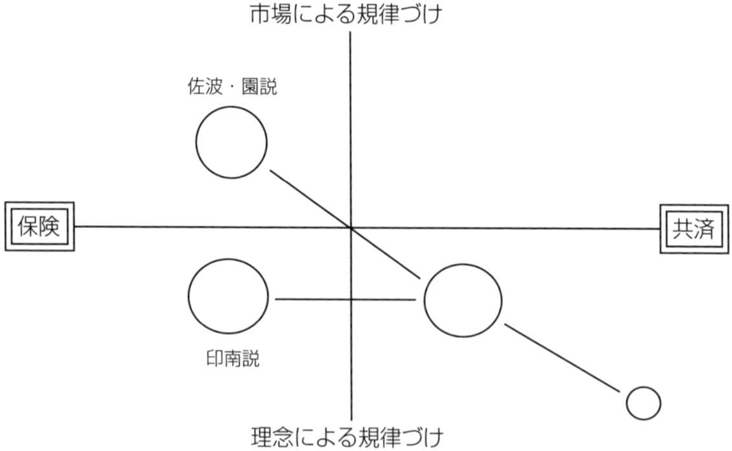

市場による規律づけ

佐波・園説

保険　　　　　　　　　　　　　　　　　　共済

印南説

理念による規律づけ

　共済団体の規模は小さければ小さいほど、直接民主主義的な運営が可能となり、共済の理念は実現しやすい。しかし共済・保険の運営からみれば、規模が小さいとリスクの分散が十分でないために経営が不安定となる。経営の安定性を確保するためには、再保険などでヘッジをするか、「資本」による手当が必要となる。小規模な共済団体は、このような手当てをすることが事実上不可能な場合が多いので、経営安定のために規模を拡大するという方法を採用しやすい。しかしここで問題となるのは、共済団体のガバナンスの形骸化である。

佐波と園の共済観と印南の共済観

　第2図に佐波宣平と園乾治の共済概念を位置づけた。共済団体は、大規模になって横軸を保険の方向に移るにつれて、共済運営の実質は形骸化して共済理念は薄れる。極論すれば、佐波が主張するように、共済加入者が当該共済に加入するのは共済理念に共鳴しているためではなく、数多い保険商品・共済契約の中からそれを選択したに過ぎない。

　この考え方は荒唐無稽なものではなく、近年の消費者保護の考え方とも通底する面がある。たとえば、保険法2条では、「共済契約その他いかなる名称であるかを問わず」として、保険契約を規律づける基本ルールの及ぼす範囲を共済契約にまで拡大している。このことについて、共済の商品の独自性を否定されたものと理解すべきではなく、消費者保護の考え方から行われたものと考えるべきであろう。消費者の側に立ってみれば、保険であろうが共済であろうが、特定のリスクを引き受けるという契約であることに違いはなく、それゆえ消費者保護という観点からいえば、保険、共済を問わず、契約の基本ルールが共通であることが望ましいのだ。この意味では佐波の主張は消費者保護につながるものと理解することができる。

　印南博吉は、佐波や園の見解に理解を示し、共済理念に無自覚に加入

する人の存在を認める。しかし、だからといって協同組合という組織を通じて行われる共済であるかぎり、共済理念が消滅するわけではないと主張した。印南の項（3.4）で言及したが、印南は現状認識においては現実主義的な学者の眼をもっていた反面、歴史観としては理想主義者であった。そこで資本主義が歴史必然的に社会主義に移行した暁には、保険にかわって協同組合保険が主役になることを確信しており、その意味で佐波や園の意見を全面的に肯定するわけにはいかなかったのであろう。

水島説と笠原説

　水島説と笠原説を位置づけたイメージを、第2図に合成したものが、第3図である。水島と笠原は、「独占資本主義段階」の日本において、伝統的な社会に存在していたような共済団体は存在せず、歴史条件に応じた共済団体として登場すると考えた。水島、笠原と佐波、園、印南との間の本質的な違いはここにあった。近藤文二は、自らは水島説に賛同すると述べているが、歴史分析と保険技術にもとづく理論分析を分けて議論を展開したため、笠原からは排除された。

　あらためて述べると、水島説と笠原説が共通するのは、「独占資本主義段階」における共済の歴史的意義と役割を深く考えたというところにあった。水島は独占資本主義の中で、共済すなわち協同組合保険は、保険会社によって構成された保険市場に対するアウトサイダー的役割を果たしたと考えた。保険資本が保険市場で自由気ままに大衆を収奪しようとしても、アウトサイダーとして存在する共済がそれを牽制する役割を果たす。共済団体の機能と役割をそのようなものとして考えたのである。

　笠原は、共済がそのような消極的な役割を果たしているという解釈では満足しなかった。共済団体は、保険資本と対立する関係にあり、保険資本の独占を打ち破るための重要な存在であると考えたのである。この考え方は、当時の正統派マルクス経済学の理解であったように思われ

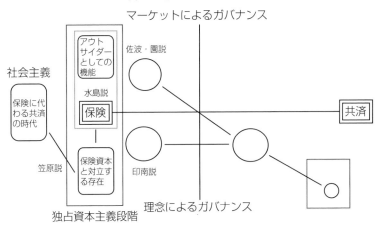

《第3図》水島説と笠原説

る。笠原は、印南と同様に、社会主義においては、保険から共済（協同組合保険）に主役が交代するものと確信していた。そのため水島説では、資本主義を倒す歴史的な主体としての共済の存在が消滅してしまっていると批判したのだった。

共済概念の再検討

　最後に、提示したイメージ図を用いて、共済概念の再検討を行いたい。その手がかりとして、「扶け合い」から共済を定義することについて考えてみよう。

　佐波、園および水島は、現代社会においては共済の加入者であっても自らの消費選択として加入しているという共通認識をもっていたが、このことをもって保険や共済の相互扶助性を否定するとはいっていない。保険も共済も収支相等の原則などの保険原則のを満たす必要がある。保険契約者（組合員）は、万が一困ったときに保険金（給付金）によって助けてもらう。このような意味での「扶け合い」は、保険も共済も同じ

だ☆27。佐波も印南も「抶け合い」をこのようなものとして理解していた。第2図の次元では共済理念としての「抶け合い」が重要であり、第3図の次元では、資本主義において弱い立場にある者が、保険資本に対抗して「抶け合い」の組織を作るということが眼目であった。仕組みは同じでも印南によれば、「抶け合い」の原点を忘れてはならないということであろうか。

　次に理念・運動論からの共済の定義について再検討してみよう。協同組合は事業を行う運動体と捉えることができる。この点において株式会社などの他の企業形態と異なるものでない。協同組合による共済事業は、前述したように、規模拡大とガバナンスコストの増大という相反する要素をもっている。そのため共済理念の学習、共済運動の促進などの活動面によってそれを補完する動きが必要となることは事実である。この活動は重要であるが、それにも増して重要なのは、大規模化によるガバナンスコストの増大に対する具体的な対応である。共済理念をいくら強調したとしても、それだけで共済のガバナンスが改善するわけではないのだ。このことから理念・運動論の相違から保険との違いを導くことは、いささか安易な方法に思われる。

新しい観点：共済と協同組合保険は違うものなのか

　共済概念に関する新しい観点からの再検討の方向性をしめして結びにしたい。これまでに取り上げた保険学者は、共済と保険の相違については熱心に議論したが、園の説を除けば共済と協同組合保険の相違については無関心だった。管見の限り、共済と協同組合保険の相違を詳細に論じた論稿はない。大雑把にいえば、おおむね協同組合の行う保険のこと

☆─────────────

27　個別契約の次元でみれば、一般的には保険料（掛金）と給付額は異なる。事故に起こっていない契約者の保険料が、困った人への「抶け合い」の原資となる仕組みは、保険も共済も同じである。

を共済と呼ぶことが多かった。

　印南が保険と共済の横軸の間においた多様の共済のうち大規模なもの
は、協同組合保険と呼ぶべきではなかろうか。保険という表記は共済団
体が保険業法の監督対象ではないため使うことはできないが、講学的な
概念として「協同組合保険」を確立する必要性がある。つまりこのよう
な共済団体と保険会社の相違は、協同組合による「保険」か、株式会社
(相互会社) による「保険」かの違いであると考えることができないだろ
うか。

　すでに述べたように、保険と共済の機能を「たすけあいⅠ」と「たす
けあいⅡ」に分けた場合、協同組合は、「たすけあいⅠ」の協同組合保
険も、「たすけあいⅡ」を組み込んだ協同組合共済も提供することが可
能である。保険会社は、不特定多数からなる保険市場に対して保険商品
を提供するが、資本とリスクと収益の三つの方面から市場の規律がはた
らく。協同組合は不特定多数の市場ではなく、特定の生活者ベースに成
立するため、社会資本 (環境) と資本 (出資金) と厚生 (生活の質) という
三つの方面から規律づけされる。協同組合が共済事業として保険市場に
提供する共済商品 (たとえば全労済の自動車保険など) は、実質的に協同組
合保険といっても問題はない。このような協同組合保険は、協同組合と
いう組織的な特徴をその商品に反映することはできるが、「たすけあい
Ⅱ」を組み込むことは保険技術的にできない。これに対して、第2章
の2.4で述べたように特定の生活者 (組合員) に限定した共済の場合、言
い換えれば「顔のみえる」ような共済の場合は、「たすけあいⅡ」が組
み込まれていても、保険技術的な問題が発生することが少ない。つまり
低リスクの組合員が高リスクの組合員に内部補助することを容認する商
品が存在し得るのである。その理由は、「顔がみえる」ゆえに、保険契
約にともなって情報の非対称性から生じるインセンティブ問題、すなわ
ち逆選択やモラルハザードから生じる問題を緩和することが可能であ

る。協同組合が提供するこのような商品のことを、協同組合保険とは別に協同組合共済と呼ぶことができるのではないか。

　以上のような協同組合保険と協同組合共済という分類が、現在の共済研究のなかで一般的に共有されているわけではない。たとえば、「協同組合保険」という概念ではなく、「協同組合共済」という概念から、わが国の共済団体の独自性を主張しようとする見解もある。たとえば、「先人が精魂込めた協同組合保険実現の取り組みが、共済と保険の同質性と異質性の議論を経て現在に至り、Insurance ではない Kyosai として対外発信がされていることは興味深いものです。着目すべきは、『協同組合が保険を実施している』と考えているのではなく、保険とは本質の異なる『共済』を実施しているという意思表示がされているところにあります」（山崎要司「令和の協同組合共済に」『共済と保険』2020 年 1，2 月号 33 頁）。

　長年、実務経験を積んでこられた論者の言葉には傾聴すべきものがある。しかしながら、海外の研究者に「Insurance でない Kyosai」を理論的に説明するためには、「保険とは本質の異なる『共済』」を理論的に明らかにした上で説明しなければならない。しかしこのことは大変難しいことだ。このことは、「共済原論」が構築できるときにその姿がより明確になってくるかもしれない（岡田太「協同組合共済を含む共済原論の構築」『共済と保険』2020 年 1，2 月号 9 頁）。本書の考える共済の理論的独自性については、別稿において、理論的に提示した[28]。

☆

28　詳しくは、拙稿「共済と保険の相違－「たすけあい」の機能からの分析」（公益財団法人生協総合研究所、生協共済研究会編『生協共済の未来へのチャレンジ』（東信堂、2021 年）に所収）を参照されたい。

第4章
くらしの中の共済

■本章の要点■

✧ 共済を取り巻く法制度の改正に直面し、共済と保険の相違を明らかにして共済の独自性を明らかにするという問題意識が高まった。

✧ 共済保険研究会は、保険審議会の発足などの保険の制度設計に関する議論の高まりのなかで誕生したが、2006年に発足した生協共済研究会も同様の問題に直面していた。

✧ 生協共済研究会は、共済をめぐる法整備、くらしをめぐる新たな課題、共済のアイデンティティなどの課題をもっていた。

✧ 共済と保険の相違を説明するアプローチとして、「共済は保険の仕組みを使用した保障事業」と共済を定義する説明があり、本書ではこれを統合論的アプローチと呼ぶ。

✧ 本書では、共済と保険の相違を説明するにあたって、機能論的なアプローチを採用した。

✧ 保険と競合し同じ機能をもつ共済があり、本書ではそれを協同組合保険と呼ぶ。

✧ 共済には保険とは異なり内部補助を内在する商品がある。本書ではこのような内部補助のことを「たすけあいⅡ」と呼ぶ。

✧ 共済と保険の相違を説明する方法として、過去の研究史では、共済の理念や運動から出発するものが多かった。

✧ 本書は、理念や運動からではなく、保険商品、共済商品が提供する機能から出発するという「逆転した方法論」を採用した。

✧ その結果、3つのメリットが生まれた。

✧ 第一のメリットは、保険理論と共有する概念装置を用いて共済を語ることができることである。

✧ 第二のメリットは、「たすけあい」という機能をより詳細に理解することができ、そこに共済の特殊性を見出すことができたことである。

✧ 第三のメリットは、共済と保険の機能面での共通性を確認できたことから、新保険法が共済契約を抱合したことの妥当性が明らかになったことである。

✧ 本書の課題の一つである「くらしの中で共済がどのように活かされるのか」を達成するには、共済が優れていると熱弁を振るうより、保険と共済の相違を明確にすることが大事である。

✧ くらしでの共済活用を考えるにあたって、協同組合保険とそれ以外の共済を分けるべき。

✧ 協同組合保険の場合は、保険市場での競争の中で存在するため、価格と付保範囲などを考え、保険、共済に限らず、自分のニーズにあって価格の安いものを選択。

✧ 協同組合保険以外の共済の場合は、保険料（掛金）を含む共済契約以外に、共済事業や参加に価値を見出すかどうかが選択のひとつの基準となる。

✧ 共済と保険の間には、セーフティーネットや監督規制の内容等で相違があるが、一律にどちらが優位であるとはいえない。基本的には、消費者が何に価値を見出すのかによる。

✧ 共済の意義は一律ではないが、本書の考える意義は、社会の多様性を維持することによって、経済社会のレジリエンスを高めることだ。

✧ 保険と共済は、二項対立的なものではない。競争する側面ばかりでなく、補完する側面もある。

✧ 社会の自己復元能力は、市場原理主義によって経済と社会の密接で多様な関係性が破壊されることによって脆弱化する。

✧ 市場が効率的に機能するためには、「分かち合い」などの市場メカニズム以外の原理も必要である。

✧ 共済は、市場規律の及ばないところにもリスク移転サービスを行うことにより、社会の多様性を促進し、同時に社会のレジリエンスを高める。ここに共済の存在意義がある。

はじめに

　第1章では、わが国の共済の存在形態について明らかにした。つづいて第2章では、保険理論を下敷きにして、共済の理論的な理解を模索した。第3章は、過去の保険・共済研究者が、保険と共済の相違について展開してきた議論を紹介した。この議論は、わが国で共済の存在が認知されるようになったが、まだ十分に世間の理解が得られていない時代に行われたものであることに留意しておかなければならない。

　本書の課題は、くらしの中で共済がどのように役に立つのかということを明らかにすることである。この課題に答えるために、共済がいかに素晴らしいものであるのかを熱弁しても逆効果だ。むしろ類似したサービスである「保険」との相違を明確にすることが大切だと思う。わたしたちは、共済と保険の違いがわかってこそ、本当の意味で共済をくらしに活かすことができるのだ。

　さらにもう一点付け加えたいことがある。それは、4.1で触れるように、2000（平成12）年以降の共済をめぐる法制度の変革を目のあたりにして、共済のアイデンティティがあらためて問われるようになったことだ。本書は、この問題意識を共有するものである。共済と保険の相違の認識は、これまで多くの研究者によって試みられてきた難問である。これまでの研究史を参照しながら、これまでとは異なるアプローチでこの課題に挑戦したのが本書である。本書の方法論などについては4.2以下で述べることにする。また最後に、保険という合理的なリスク移転手段が存在するにもかかわらず、共済が存在しているのはなぜか。言い換えれば、共済はどのようなかたちで社会に貢献できているのかということについて考えることにする。

4.1 生協共済研究会の誕生とその背景

　第3章では、共済保険研究会を中心として研究者の共済理解について学説的な整理をした。そこでは、共済と保険の相違が、当時の進歩主義的（あるいは戦後民主主義的）思想を背景にして、どのように理解されていたのかということをある程度明らかにできた。

　共済保険研究会は、保険審議会の発足など保険をめぐる制度設計に関する議論の高まりを背景にして発足した。2000（平成12）年以降にもこれによく似た保険をめぐる制度設計の議論の高まりがあった。2000年以降、保険会社の破綻を経て、保険業界の再編成が行われたが、これらの動向をうけて、金融庁では保険の銀行窓販、ソルベンシー規制の在り方などが検討されるようになった。あわせて、法務省では、保険法審議会により、保険法の改正が審議される運びとなった。これら一連の保険をめぐる制度設計が動きだすと同時に、生協法等の「共済監督法」の改正も検討された。

　歴史は繰り返すのだろうか。共済保険研究会の成立事情と似たような状況が、共済陣営の前に生じたのである。ある意味で、2006（平成18）年に生協共済研究会が立ち上がったのは自然のことだったのかもしれない。前回との相違は、生協法の改正に直面していたため、「生協共済」に強く関心をもった研究会となった。もちろん「生協共済」の研究を深めるためには、同時に共済一般および協同組合について研究が必要不可欠である。そのため同研究会は、もっぱら「生協共済」のみを研究するような間口の狭い研究会でなかった。

　生協共済研究会は、2006（平成18）年に生協総合研究所によって立ち上げられた。この研究会の立ち上げに尽力され、昨年生協総研の研究員を退職された小塚和行の報告をもとにして、この研究会の足跡と意義を

簡単に振り返ってみよう☆1。

　小塚によれば、研究会発足当時の共済をめぐる問題意識は、共済の規模が大きくなって保険との違いがわからなくなり、共済の特徴が失われているのではないかという疑問、また「共済は非営利なので善、保険は営利目的で悪」であるというステレオタイプの考え方が現代において通用するのかという疑問も生じていたという。生協法や保険法の改正の共済をとりまく保険制度整備をきちんと理解するためには、共済の社会的位置を明確化する必要があると考えられた。つまり法制度の整備に直面して、あらためて共済のアイデンティティが問われたのである。これらのことが研究会発足の動機であった。言い換えれば、2006年に発足した生協共済研究会の設立動機は、共済をめぐる法制度の整備にむけて、共済のアイデンティティを明確にさせることだったといえる。

　15年の研究会の進行のうちには、東日本大震災があり、また地域社会をとりまく問題の深刻化がみられるなど、「くらしをめぐる新たな課題」が生じた。これらの課題は、生協共済の本質にもかかわるものであることから、生協共済研究会で頻繁に取り上げられている。

　ちなみに2006（平成18）年から2021（令和3）年までの15年間に、111回の研究会が開催され、報告件数は196本にのぼる。取り上げられた研究テーマの一例を示すと、次のとおりである☆2。

・生協共済の理解、実情把握

・経営政策、経営活動、経営管理、財務構造

・法制度、共済規制

・生協共済のアイデンティティ、理念と実践

・海外の協同組合保険の実情把握、海外視察

☆————————————————

1　小塚和行「生協共済研究会の15年を振り返って」2021年度第4回生協共済研究会での報告（2022年2月21日）。

2　小塚和行「同上報告レジュメ」7頁より引用。

・外部の有識者からみた共済

・保険業界の動向

　研究会の成果は、三冊の刊行物と『生活協同組合研究』、『生協総研レポート』などに掲載されている☆3。

4.2　共済と保険の相違を知るために本書が採用した方法論

　ところで共済と保険の相違を分析するにあたって、第3章で整理した過去の議論が大いに役に立った。そこでは、機能論、組織論および理念論が複雑に交差しており、そのため論争には必ずしもかみ合っていない部分が散見されるように思われた。また時代を反映して、共済運動のなかに来るべき未来（社会主義または共産主義）をみるという期待感が大きくみられた。そのせいであろうか、資本主義の発展段階に応じた共済の発展という視点がない諸説は歴史性がない研究であるとして否定される傾向にあった☆4。歴史法則にもとづいた方法論を一概に批判するわけではないが、ソビエト崩壊後とともにその方法が色褪せたことも事実であろう。その後、この方法を乗り越えて、未来を提示する様々な試みがあり、協同組合論の意義について再評価する主張を無視することはできない☆5。しかし、本書では、これらの方法論を踏襲しなかった。

　ところで共済陣営でよく主張される共済の定義規定として、次のよう

☆─────────────────────────────

3　生協共済研究会編著『生協の共済、今、問われていること』（日本生活協同組合連合会出版部、2008年）。同『21世紀の生協の共済に求められるもの』（2011年）、同『生協共済の未来へのチャレンジ』（東信堂、2021年）を参照。

4　資本主義の発展段階にそくして共済を解明することが、マルクス経済学という立場から「科学的」であると考えられており、第3章で検討した研究者の多くが、ニュアンスの違いはあれ、この前提を基本的に受け入れていたようである。

5　國分功一郎＝山崎亮『僕らの社会主義』（ちくま新書）、および斎藤幸平『人新世の「資本論」』（集英社新書）は、協同組合に関連する共有などの概念を再検討し、未来を志向する気概にあふれる書物である。また理論的ベースは異なるが、神野直彦『「分かち合い」の経済学』（岩波新書）は、市場原理主義に偏向する世相に対して警鐘を鳴らしている。

なものがある。すなわち、共済は、「協同組合が保険のしくみを使って
行う保障事業である」というものだ☆6。共済を保険より上位概念であ
る保障として説明するものと捉えれば、共済が保険を保障概念で統合す
るように解釈できるため、ここでは「統合論的なアプローチ」と呼んで
おこう☆7。すでに述べたように、共済商品の特徴は、共済規約の履行
だけではなく、加入や予防などの活動に参加することのできる「事業」
であるという特徴をもつ。共済のもつこのような特徴を強調する説明と
して、「保障事業である」という統合論的アプローチを理解することが
できる。

　しかしながら、この定義では保障事業についての明確な定義はされて
いない。保障という概念は、安全保障から社会保障まで幅広い概念であ
り、ある意味では漠然としたものである。また当然のことながら、共済
「事業」がだけが、保障事業であるというわけではない。したがって、
統合論的アプローチによる定義は、共済と保険の相違に関して、それほ
ど説明力が大きいわけではないと考えた。

　本書では、共済と保険の相違を認識するために、分離的・分析的アプ
ローチを採用することにした。近代経済学を基礎とした保険理論は、自
由で競争的な市場を前提として保険現象を理解する手法であり、また保

☆────────────────

6　江澤雅彦が、平成20年度日本保険学会の共通論題で、『ファクトブック2007日本の共
済事業』からこの言葉を引用している。最新の『日本の共済事業－ファクトブック
2021』では、「共済は、営利を目的としないたすけあい・相互扶助の組織である協同組合
が組合員のために提案する保障のしくみ」6頁と説明されている。ここでいう「営利」ない
しは「非営利」は、法律的に定められた区分である。企業所有論の理論からいうと、協
同組合は組合員という所有者の営利を追求しているため非営利組織に分類されない。企業
所有論での非営利企業とはNPOなど残余財産請求権者が存在せず、解散時にそれを地方
自治体や国に返還するような組織である。

7　この定義は、本文のように解釈することもできる一方で、共済も保険もともに保障事業
であるという解釈も成り立つ。定義では、「保険のしくみを使って」と述べるだけで、保
険が共済の下位におかれるとは書いていないからである。ただし後者の解釈であっても共
済が「保障事業」という上位概念に統合されるので、統合論的アプローチと呼ぶ。

険の機能に焦点をしぼっている点に特徴がある。そこで、本書では、まず保険の仕組みにおいて保険と共済の相違があるとしたら何かということを考えた。その結果、共済の対象とする領域では、市場の規律が効きにくいことがあるということがわかった。そのため保険では逆選択やモラルハザードによるコストが生じるところで、共済ではそれらのコストを緩和される場合があること、そしてその結果、共済集団内に内部補助があっても共済商品が成立する場合があるという特徴を指摘した。本書ではこれによって生じる低リスク者から高リスク者への内部補助を、「たすけあいⅡ」を呼ぶことにした。ただし、機能論的なアプローチによる共済と保険の相違は、すべての共済商品に成り立つものであるとはかぎらない。協同組合保険と称してもいいような、市場を前提として保険会社と競争する商品の場合は、「たすけあいⅡ」が成立しにくい。

　共済と保険の相違を十分に説明するには、機能論的アプローチだけでは完全ではない。協同組合という組織論的な特徴を検討する必要がある。協同組合による共済事業の特徴を理解する方法として、所有論的アプローチが有効かもしれない。この点で、ヘンリー・ハンズマンの研究☆8 は大いに役にたつ。しかし残念ながら、本書では、協同組合保険または協同組合共済について、十分に議論を展開することができなかった。詳しくは、別稿にゆだねたい。

4.3 「逆転した方法論」のメリット

　上述の「方法論」を採用したことが、研究上にいくつかのメリットをもたらした。第一に、共済と保険をめぐる議論の交流である。共済陣営

☆

8　ヘンリー・ハンズマン著、米山高生訳『企業所有論』（慶應義塾出版会、2019 年）（原著、Henry Hansmann, *The Ownership of Enterprise*, Harvard U.P., 1996.）。

の議論には、共済の推進は資本主義の弊害に対する改善運動であるという「運動論的立場」が残っていることがある。この考え方は、戦前の産業組合運動に淵源をもつものかもしれない。運動論的な考え方を拡大解釈すれば、保険会社は保険資本として大衆を搾取する機関であり、共済団体はこのような保険資本と闘うという大義があるということになる。反対に、保険陣営からは、共済陣営は理念論ばかり振りかざして、組織の効率的な運営には関心をもたない「政治的な団体」であると誤解する向きもあった。これまでの「共済理論」は、どちらかといえば、共済の本質、共済の理念などから出発し、共済商品のもつ機能から考えるものがほとんどなかったように思われる☆9。

　本書では、理念論や運動論から出発するのではなく、機能論から出発することによって、商品として保険と共済の依拠する共通基盤を認識し、その上で相違を明らかにした。その意味で、「逆転した方法論」を採用したのである。これによって、保険と共済の共通性と相違性が「理論的」に明らかになり、保険理論と共通の概念装置を用いて共済を論じることができるようになったと考える☆10。

　第二に、「たすけあい」について、一歩進んだ理解が可能となった。共済陣営では、共済は保険と違って「たすけあい」という特徴をもっているのだ、としばしば主張されてきた。しかしながら、保険も、「一人は万人のために、万人は一人のために」☆11という意味でいえば、保険

☆
9　共済商品の機能から分析した研究業績は、管見のかぎりみあたらないが、私の不勉強のために見落としている可能性もある。
10　共済の理念は大切である。たしかに大切なものをまっさきに論じることは自然である。しかし、物事の本質をつかむためには、時として迂回することの必要である。
11　英語では、One for all, all for one とされているが、この標語の由来と解釈は定まっているわけではない。保険契約で解釈すれば、保険料を拠出する際は「ひとりはすべてのために」であり、保険金給付の場面では「すべてはひとりのために」と考えれば理解しやすいと思う。しかしながら、デュマの『三銃士』で使われ、またラグビーで使われる場合は、後段の「すべてはひとりのために」ではなく「すべては一丸となってひとつの目的にむかって」という意味であると解釈されている。

契約者の「たすけあい」である。そこで、共済と保険の「たすけあい」がどのように異なるのかということを説明しなければならない。本書では、市場の規律の影響の程度を考慮すると、共済商品の一部には、内部補助があっても存立するものがあるということを明らかにした。内部補助による「たすけあい」は、市場の規律が絶対的である保険商品では原理的に存在しないものであるとした（これを「たすけあいⅡ」とした）☆**12**。

　第三に、消費者にとってみれば、保険も共済も同じ「金融商品」として立ち現れるものであることを、機能論的なアプローチによって明確にした。新保険法は、保険も共済も、保険契約者と保険者の間の（保険）契約という意味で同様であり、したがって契約を規律する基本法においては特段相違するものではないとする。ただし新保険法は、保険と共済の相違を否定したものではない。それは、あくまでも契約を通して保険（共済）の機能を発揮するという意味で同一性に焦点を絞ったものであることを、機能論的アプローチから再確認することができた。

4.4　くらしの中で共済がどのように役立つのか：相違を知る

　次に、くらしの中で共済をどのように活かしていくのかといことについて具体的に述べたい。機能としては、保険も共済も同じである。しかしながら、提供する商品の内容は異なる。保険商品は、不特定多数の人々に提供されるため、標準化され、合理的なリスク区分が行われる傾向が強い。ここで「合理的」というのは、自由で競争的な市場を前提とした場合の合理性である。

☆────────────────

12　その理由は、自由で競争的な市場を前提とした場合、内部補助の生じるような保険料設定をした保険会社Aは、低リスク者と高リスク者をコストなしで見分け、リスクに対応した保険料を提示できる保険会社Bが登場した場合、低リスク者は保険会社Bに契約し、結果として保険会社Aは高リスク者だけが集まる（逆選択）ため破綻するからである。

　共済商品のうちには、たとえば、自動車共済のように保険商品と実質的にかわらない内容のものがある。これらの共済商品は、市場において保険商品と競争するため、標準化され、合理的なリスク区分されることが強いられる。本書では、このような共済商品を、「協同組合保険」と呼んでいる。

　協同組合保険以外の共済は、組合員のニーズに則した商品設計が行われることが多く、さらに必らずしも合理的なリスク区分が行われているわけではない。とはいっても、この共済商品が非合理な存在であると主張しているのではない。保険商品とくらべて経済合理性がないようにみえるが、一定の組合員相互の「共済」という意味では、必ずしも非合理なものとはいえない。たとえば、ある共済商品が年齢にかぎらず画一的な掛金であるという場合、保険商品としてみれば合理的ではない。すなわち、保険集団の中で低リスクの者から高リスクの者に内部補助が行われるからである。保険では、このような場合に逆選択が生じる。ところが、職域、あるいは地域という特定の組合において、組合員間の相互理解の下で、このような内部補助が許容されるとすれば、逆選択は生じることなく「非合理」だとはいえない☆13。

　くらしの中で、リスクを移転する機能だけが必要な場合は、保険商品や「協同組合保険」で十分だろう。しかし、標準化されていない、職域、あるいは地域に特定されたニーズが必要な場合、あるいはリスクを移転するばかりでなく、移転した人々の集団との「つながり」を求めたい場合には、逆に保険商品では不十分である☆14。以上のように、市場を前提にした場合と、そうでない場合では、「合理性」の意味が異なるのである。

☆────────────────────

13　すでに述べたように、「たすけあいⅡ」が存在する余地があるのが、共済の特徴である。

14　保険と共済の間にあって、掬いきれないニーズについては、少額短期保険業者が貢献できるケースもあるが、ここではその可能性だけを指摘するにとどめておく。

　ところで共済商品は、「協同組合保険」を含めて、共済規約に定められた契約だけをみると、保険商品とそれほど変わらないように思われる。しかし規約にもとづく契約を実施し、運営するプロセスについては保険と大きく異なっている。たとえば、大学生協共済の「学生総合共済」では、学生組合員が加入や予防などの活動にかかわる場が提供されている。契約者が出資者として参加する（できる）という、共済らしい活動をしている☆15。もちろん共済に加入した場合に、事業活動への参加が強制されるわけではない。ここで強調したいのは、参加する意思があっても、参加が形骸化される傾向にある相互会社と比べて、共済団体の場合は参加の間口が広く、また参加がより実質化していることだ。このような事案内容の相違についても留意すべきであろう。

　結論的にいえば、「協同組合保険」と保険が競合するケースでは、消費者はリスク移転だけの観点から自由に選択することができる。その際、価格、保障の程度と範囲、会社（団体）の財務健全性などが基準となろう☆16。現実の社会では、営業職員や代理店の方の人間性や相性も大きい要素かもしれない。これに対して、「協同組合保険」以外の共済については、保険商品と異なる特徴をもっていたり、職域や地域内という制限がかかっていたりするために、画一的な共済商品は存在しない。よって保険商品か共済かの選択基準は、価格や財務健全性などではなく、保障の程度と内容、そして共済のもつ「参加」の価値を高くみるか否かによるものといっていいだろう。さらにいえば、共済を提供する協同組合に加入しなければ、共済に加入できない。そこで、協同組合に出

☆
15　生命保険相互会社の契約者も社員（出資者）であるが、経営を取締役に委任し、総代会という形式を除けば、事業活動への参加はみられない。
16　保険会社には契約者保護機構などのセーフティーネットがある。少額短期保険業者と共済団体には同様なセーフティ・ネットはない。共済規約には、万が一の破綻を避けるための共済金削減規定が存在するが、相互会社が同様な規定を設けることはできなくなっている。そのかわり破綻処理の中では既契約の予定利率の変更が行われる可能性が残る。

資者として参加することが、まずは重要なことであろう☆[17]。

4.5　くらしの中で共済の存在意義：競争と多様性

　保険は、自由で競争的な市場を前提に成立するものである。そのため保険契約は、契約者と保険者による取引きという性格が強い。保険契約者は、保険会社の「理念」にかかわらず、自己のニーズに対して安いと思えば購入し、高いと思えば購入しない（場合によっては部分購入する）。

　共済は、自由で競争的な市場を前提に成立するような商品（協同組合保険）を提供する一方で、「たすけあいⅡ」を含むよう商品を提供することもある。それは、共済の理念やその強さによるものではなく、市場の規律が及ぼす程度によって規定されるのであるということを強調しておきたい。

　水島一也は、共済は保険市場のアウトサイダーという理解を示したが、協同組合保険という観点からいえば、アウトサイダーという存在を超えて、競争者という存在であるといってよい。他方で、「たすけあいⅡ」が許容されるような共済商品の存在に注目すれば、民間保険市場を補完する存在であるということができる。以上のように、共済と保険は、単純にひとことで競合とか補完とかいう概念でくくり上げることはできない。

　くらしの中での共済の在り方を考える時、家計が将来の損失に備える手段としては、保険も共済も同じように効果的である。家計は、自己のリスクの程度と範囲を考慮して、保険および共済から商品選択すればよ

☆

17　全国生協連による「県民共済」などは、購買生協ではないため、協同組合に加入する意識が薄く、掛け捨ての保険を購入するような感覚で加入されている人が多いと思われる。またJA共済などの場合は、農協協同組合の組合員でなくても加入できる員外加入が認められている。

い。ただし選択の際に留意すべき点がひとつある。それは、共済商品の多くが、協同組合による組合員のための「保険」サービスの提供であるということだ。協同組合であるかぎり、共済商品の購入者は何らかのかたちで組合への参加が求められ、また逆にいえば、その参加の権利を主張することができるはずである。ただしこのような特徴は、共済商品によって強弱がある。たとえば、この特徴は、「学生総合共済」のような購買型協同組合の共済に強く表れるが、「県民共済」のような共済型協同組合の共済では希薄である。またＪＡ共済は生産者協同組合なので参加が重要であるが、員外利用で加入する非農業者の参加は重要ではない。

　以上からわかるように、保険は標準的かつ均質であるが、共済は多様かつ個別的である。さらに保険にはセーフティーネットや統一的な資本規制により消費者保護のための制度が一定程度整備されているが、共済にはセーフティーネットはなく、また監督規制も様々である。この点だけ比較すれば、保険の方が安心できるようにみえるが、共済の多様性と協同組合事業としての魅力がある。さらに共済金削減規定のように組織破綻を柔軟に防ぐ手段があることなどから、どちらが優位であると決めつけることはできない。

　わたしたちはくらしを安定させるために合理的な手段を追求する反面、人々とのつながりとそれへの参加を求めることがある。共済の存在意義は、われわれの生活の多様なニーズを満たすことにあるといえる。

4.6　新自由主義の真実－保険と共済は二項対立的なものなのか？－

　いわゆるグローバル化によって、経済の仕組みや法制度が収束する傾向がみられる。とりわけソ連の解体後、経済をベースに世界各国の法制度が均質化の兆しをみせ、また社会文化の諸現象の共有化が進展することになった。その中で、各地域にある固有の伝統や様式が失われるよう

になった。このような傾向は、すでに地球の生物系ではすでに生じており、絶滅危惧種が懸念されて久しい。短い期間では気が付かないが、生物多様性の喪失は、地球の自己復元性に大きな影響を与えるものである。人類が地球の復元力を弱体化し、「人類が地球を作り変える力を持ってしまった」時代は「人新世（Anthropocene）」と呼ばれるようになった。人間の環境への負荷の問題は、地球の復元力が限界にきてしまった「人新世」であるからこそより重要なものとなっているのだ[18]。

　市場と社会の関係についてもあらためて再検討する時期なのかもしれない。権上康男の学説史的整理によれば、1938 年に自由主義は刷新され改訂されなければならないとう基調報告をもって開催された「リップマン・シンポジウム」においては、新しい自由主義が「マンチェスター派の自由放任主義」と同一視されることを批判し、ケインズ風にいえば自由主義は「短期の」問題にも対応できなければならず、その意味では「経済への国家の介入の必要」であることを無視してきた自由主義は改訂すべきという認識が示された[19]。このシンポジウムのアジェンダ（新自由主義綱領）は、シカゴ学派の新自由主義とは異なり、「社会的側面の占める比重」を重視し、また「自由主義の大本を効用の最大化ではなく、価格メカニズムに置き、国家の介入を幅広く認めた」ものであったという[20]。「リップマン・シンポジウム」を継承して 1974 年にモンペルラン協会が創立されたが、同協会の内紛の後、シカゴに中軸が移動し、シカゴ学派が新自由主義という「名義」を継承することになった[21]。このように新自由主義は、本来はシカゴ学派に代表される市場

☆

18　SDGs を「人新世」後の人類の問題として捉える点で、国谷裕子「SDG ｓが問いかけるもの－気候変動と食糧問題の視点から－」『如水会報、別冊 10』2019 年 10 月は、大いに参考になる。

19　権上康男『自由主義経済の真実』（知泉書館、2021 年）159-160 頁。

20　権上・前掲注 19　164 頁。

21　権上・前掲注 19　176-79 頁。

原理主義に近い考え方ではなく、ドイツの社会的市場経済や、「1950 年代に起源をもつ統合欧州を支える理念として生き続け、2009 年 12 月に発効した欧州憲法条約の修正条約（リスボン条約）には、ドイツ語に由来する『社会的市場経済』が EU の理念として規定」されるに至った[22]。以上のことから明らかなように、新自由主義とは、その源流をたずねれば、通常言及されるような市場原理主義的な考えのことではなく、社会的市場経済につながる本来の流れであった[23]。

　このことから学ぶべきことは、市場と社会の絡み合いの重要性だ。市場の機能は重要であることはいうまでもない。しかし、市場が効率的に機能し、また社会の厚生の増進に貢献するためには、相応の社会的な規制が必要不可欠である。そのような考え方こそが、「リップマン・シンポジウム」における「新しい自由主義」の共通認識だったのだ。

　新自由主義が市場原理主義と同じでものあるとしたら、それは経済と社会という複雑な相互関連性の網目を解体し、政治経済システムに、地球に対する「人新世」が及ぼす影響に類似した危機を生みだすものと理解すべきだろう。政治経済システムの網目を複雑に結び付けてきたひとつの原理が、神野直彦が強調する「分かち合い」だと評価すべきかもしれない[24]。ただし、神野がいうように、「「分かち合い」の原理は競争原理の反対概念」[25] とすることには若干の留保が必要であるように思われる。たとえば、競争は結果で評価されるが、「分かち合い」はプロセスで評価される。このような評価軸が異なる概念を反対概念というこ

☆
22　権上・前掲注 19　181 頁。
23　権上・前掲注☆ 19 は、リュエフとケインズの論争をとおして、リュエフからミルトン・フリードマンに派生する新自由主義の変容を、厳密な学説史的考察によって描いている。粗雑に要約すれば、新自由主義は母屋をアメリカに奪われ、リュエフたちのヨーロッパの自由主義経済学者の思潮は、社会的市場経済をとおして EU 成立に至る。本書は、その過程を鮮やかに描いている。
24　神野直彦『「分かち合い」の経済学』（岩波新書、2020 年）。
25　神野・前掲注 24　98 頁。

144

とができるのだろうか。「分かち合い」は、市場の反対概念でもないと思う。たとえば、シェアリング・エコノミーのように、市場メカニズムを活用しながら「分かち合い」を行うことも可能だからである。もちろん非金銭的な価値の「分かち合い」の場合には、市場はなじまない。だからといって、「分かち合い」と市場が反対概念であり、二者択一のものであると断ずることを躊躇する。「分かち合い」をはじめ、非金銭的な価値の交換や贈与などの概念は、市場の反対概念という側面を強調して論じるよりも、それらの概念を市場とどのようにして折り合いをつけていくのかという発想から考えることが大切ではなかろうか。本書にひきつけていえば、市場と非市場、保険と共済、営利と非営利などのように二項対立図式により、市場と社会を切り分けるのをやめること。すなわち、市場と社会の多様な組み合わせ、およびそれらの多元性を重視していくというのが本書の立場である。

　社会構成員の生活をとりまくリスク（世帯が直面するリスク）を、多様な社会構成員の多様なニーズに合った方法（商品）で、引き受けることができるような仕組みを社会に提供することが、社会経済の自己復元力、あるいは時流にのった言葉を使えば、社会のレジリエンスを高めることであろう。このように考えると、リスク移転という機能のみに焦点を絞れば効率的な保険のみにもっぱら依存し、協同組合の派生サービスである「共済」は必要のないものとして排除することになる。しかしながらこのような判断は、社会のレジリエンスという観点からみれば誤りである。保険は市場を通して（保険集団という）「つながり」を生み出すものであるが、共済、とりわけ協同組合保険でない共済については、「つながり」のみならず「参加」も重要な意味をもつものである。あることについて、分かち合ったり、連帯したりする活動が、ある地域やある職域で必要とされるとするならば、そこに協同組合や共済の存在価値が確かに存在する。またそのような活動が適正に行われるならば、けっ

して市場の機能を妨げるものではなく、むしろ社会的市場経済という視点からみれば、補完的なものであり、かつ社会のレジリエンスを高めるはずである。

「孤独の世紀」☆26 を克服し、わたしたちの経済社会にもっと豊かな生活をもたらすためには、「効率」と同じくらい「参加」が必要となっている。そのために保険・共済サービスの多様性が役立つものと信じたい。

☆

26　現代社会における「孤独」の深刻さを指摘し、その対応について提唱するものとして、ノリーナ・ハーツ著、藤原朝子訳『なぜ私たちは「孤独」なのか』（ダイヤモンド社、2021年）を参照されたい。

―――― **あ と が き** ――――

　本書執筆のきっかけは、ある出版社の編集者との会話でした。彼によれば、「保険という産業は理解可能だが、共済については、その実態および産業組織についてはよくわからない」ということでした。

　保険も共済もわれわれの生活をとりまくリスクへの対応手段であることは確かです。その意味では同じような「商品」ではありますが、どこか違っているような気がします。果たしてどこがどう違うのでしょうか。

　この編集者のように、両者の違いがわからないことは、家計のリスクマネジメントにおいて、合理的なリスク移転の選択をするのをさまたげるものと思われます。そこでいえることは、両者を活用するためには共済と保険の違いを知ることが、第一歩だということです。

　第1章では、幅広く使われている「共済」という言葉に惑わされることなく、共済を理解するための整理をしています。保険会社の提供する保険商品に対する共済商品を提供する共済団体（共済協同組合）を明確にすることで、第2章以下の記述につなげたいと考えました。その上で、共済と保険の相違を考えることにしましたが、この相違をめぐる学会の見解は、管見のかぎり、必ずしも定まっていないようです。第2章では、機能論的なアプローチにより、共済と保険の相違について明らかにしています。共済商品が厳格なリスク区分をしないという特徴を指摘する諸説はありましたが、内部補助の根拠にまで踏み込んで明らかにした説明は、これまでに見られなかったものと自負しています。

　第3章では、共済と保険の相違に関する「学説史」的なまとめを行っています。ここで展開された多くの著名な学者の議論から、私は、共済の提供する商品の機能と共済を運営する団体の理念とを峻別して検討することが、共済と保険の相違に関する拗れた縄を解く鍵であるということを理解しました。

　ところで、「生活に活かす共済と保険」というタイトルは、共済・保険を活用するための実用書のように誤解されるかもしれません。本書が生活者に役立って欲しいという願望を強く持っていることは事実ですが、実用的な事例や

記述を強く期待される方は、その予想が裏切られるはずです。本書では、「このような共済に加入すると得しますよ」ということは一切書いておりません。そのかわりに、保険と共済の商品としての機能を通して、両者の相違を可能な限り理論的に明らかにしようと試みました。

　本書で展開した両者の機能的相違のエッセンスをあらためてここに強調しておきましょう。両者の相違に関してもっとも重要な要素は、「市場の規律づけの程度」です。保険商品は、市場の規律づけに従っています。保険商品の価格は、理論的には市場の要素のみによって決定されます。これに対して、共済の提供する商品には、市場の規律づけに従うものから、規律づけが脆弱なものまで多様に存在します。たとえば、市場規律が強く作用する場合には、保険集団における内部補助の存在は、市場の非効率性を導きます。非効率な保険市場とは、本来リスク移転を望む人がリスクを十分に移転できないような市場のことです。逆にいえば、リスク移転を望む人が保険を十分に購入できる市場のことを効率的な保険市場というのです。

　ところで、保険集団における内部補助の存在が、なぜ非効率を生むのでしょうか。内部補助とは、リスクの低い人の払った保険料の一部がリスクの高い人の保険金支払に使われることです。保険市場が十分に競争的であるとしたら、割高だと感じたリスクの低い人が内部補助の生じている保険集団から退出してしまいます。その結果、リスクの低い人は、割高な保険料であるという理由で、保険を購入しないか、または部分的にしか購入しなくなります。このことをもって保険市場の効率性が阻害されたというのです。

　共済商品の中には、市場の規律が及びにくい商品があります。なぜ規律が及ばないかといえば、協同組合の理念と市場の規律とが、必ずしも親和的でないということにあるのかもしれません。本書では、共済商品には、市場の規律が強くはたらくために保険商品と競合するような商品から、市場の規律が弱く保険商品を補完するような商品が多様に存在するということを明らかにしました。

　近年の論調では、共済業界の規模がここまで大きくなっているのだから、補完関係ではなく、立派な競合関係にあるという見解が散見されます。現在営業している保険会社が規模や商品構成に関して比較的均質であるのに対して、共

済団体間の規模の相違はきわめて大きく、また提供する共済商品は多種多様です。均質な保険会社の集合である保険業界に対して多様な共済団体の集合である共済業界を比較して、競合的であるとか、補完的であるとかいうこと自体、あまり説得性のある議論を引き出さないものと思います。競合とか補完とかは、共済業界全体の規模において論じるものではなく、共済団体が提供する商品の機能の面で個別に論じるべきであるというのが私の考えであり、本書の立場です。

　本書では、機能論のほかに事業の組織の次元についても言及しています。しかし、共済団体の組織論的アプローチには、ヘンリー・ハンズマンの「企業所有論」が有益であると指摘してはいるものの、本書ではより突っ込んだ分析をしていません。本書の研究上の残された課題として重く受け止めたいと思っています。

　最後に文体について一言お詫びを申し上げます。最初は、各章の本文は「です・ます調」で書いていました。しかし途中で気が変わり、「である調」で統一することに致しました。学術的な文体なので、やや堅苦しく感じられる読者の方がいらっしゃるかもしれませんが、あらかじめお許しください。せめて、「あとがき」ばかりは、「です・ます調」で書かせていただきました。

　本書を上梓するにあたって、たくさんの方のご協力と支援をいただきました。共済研究会の岡田太先生をはじめとするメンバー各位および共済研究会の報告者の皆様には、共済をめぐる様々な課題について刺激的な問題意識と知見をいただきました。事務局の小塚和行様、渡部博文様にも大変お世話になりました。私を共済研究に導いてくれました吉田均様（元日本共済協会常務理事）と後藤孝櫻様（元日本共済協会専務理事）をはじめ、日本共済協会の皆様にもお世話になりました。とりわけ第3章の元になった原稿の投稿依頼をしてくれた当時の編集担当の山本祥子様、前田穣様、現編集部の大関一彦様には一方ならぬお世話になりました。編集以外でも現常務理事の高野智様には共済の情報提供など何かとお世話になっています。生活経済学会をはじめ私が所属するいくつかの学会の先生方との研究交流も本書執筆の大きなモチベーションになっています。一人一人のお名前をあげることができませんが、この場をお借りして感

謝の気持ちお伝えしたいと思います。なお、本書のありうべき誤りについて
は、すべて著者の責任です。誤りをご指摘いただければ検討した上で、今後の
改訂の機会があれば訂正させていただきます。

　本書の出版については、保険毎日新聞社とのつながりを忘れてはなりませ
ん。出版・メディア企画部の後藤宏二様と取材部古村賢司様にきっかけをつ
くっていただき、編集過程では、ベテラン編集者である大塚和光様に大変お世
話になりました。「保険毎日新聞」には、ご縁があって「みちくさ保険物語」
というコラムを毎月1回連載していただいていますが、新聞を通して保険業に
関連する人々とつながっていることに喜びを感じています。

　末筆ですが、本書の執筆時間の多くが自宅で費やされたことから、妻典子と
二人の娘の犠牲なしには本書が出来上がることがなかったと思います。無償の
犠牲にたいしてお詫びするとともに、寛大な対応に感謝したいと思います。

2022 年 7 月 10 日

国立を借景とする国分寺の自宅にて

米 山 高 生

❀ 生活と共済・保険に関する参考文献（とくに共済研究を中心にして）❀

　本書は、学術研究よりも広く生活者の皆さんにも読んでいただきたいこともあり、脚注での丁寧な引用文献の提示はひかえた。当然のことであるが、本書は、先学の諸研究に負うものである。そこで、共済研究に関する主要な参考文献を以下にまとめてお示しすることにした。著者の力量不足で優れた研究を見落としているかもしれないが、あらかじめお許しいただきたい（著者五十音順配列）。

猪ノ口勝徳（2018）「相互会社・共済に関する規則・監督を世界の保険監督官はどのように考えているのか―IAIS が公表した MCCOs の規則・監督に関する適用文書から」『共済総合研究』76 号

今尾和實（2016）「保険・共済の歴史展開と共済制度の今日的意義」『生活協同組合研究』

牛窪賢一（2018）「インシュアテックの進展―P2P 保険の事例を中心に―」『損保総研レポート』124 号、pp.1-2.

江澤雅彦（2015）「「協同組合保険」のアイデンティティ（日本保険学会創立 75 周年 保険学雑誌創刊 120 周年記念号）」『保険学雑誌』630 号、pp.103-120.

大塚忠義（2014）『生命保険業の健全経営戦略』日本評論社

大塚忠義（2013）「生協共済連における健全性維持に関する考察」『保険学雑誌』621 号、pp.49-68.

大林良一（1971）『保険総論』春秋社

押尾直志（2012）『現代共済論』日本経済評論社

岡田太（2017a）「共済概念の再検討：共済一般の概念化と保険理論の適用に向けての準備作業」『保険学雑誌』636 号、pp.143-166.

岡田太（2017b）「共済協同組合連合会組織の存在意義 ―所有権理論の視点から―」『商学集志』86 巻 4 号、pp.231-253.

岡田太（2017c）「保険におけるミューチュアル」佐藤猛＝山倉和紀編著『金融と経済』白桃書房、5章.

Okada, F., Onzo, M and Akira Kurimoto (2020), "Mutual Insurance and Co-operative Kyosai in Japan," Johan Brazda, ed., *The Development of the Mutuality Principle in the Insurance Business*, Lit Verlag.

国谷裕子（2021）「SDGsが問いかけるもの」『如水会報』別冊10

國分功一郎＝山崎亮（2017）『僕らの社会主義』ちくま新書

小塚和行（2020）「協同組合・相互扶助の保険組織とCOVID-19（上・下）」『生活協同組合研究』535号および536号

権上康男（2021）『自由主義経済の真実』知泉書院

斎藤幸平（2020）『人新世の「資本論」』集英社新書

坂井幸二郎（2002）『共済事業の歴史』日本共済協会

下和田功編（2010）『はじめて学ぶリスクと保険〔第3版〕』有斐閣

神野直彦（2020）『「分かち合い」の経済学』岩波新書

諏澤吉彦（2021）『保険事業の役割：規制の変遷からの考察』中央経済社

生活経済学会編（2017）『地域社会の創生と生活経済』ミネルヴァ書房

生協共済研究会編（2021）『生協共済の未来へのチャレンジ』東信堂

生協共済研究会編（2011）『21世紀の生協の共済にもとめられるもの』日本生活協同組合連合会

生協共済研究会編（2008）『生協の共済―今、問われていること』日本生活協同組合連合会

関英昭（2018）「『共済と保険』－法律の視点からの検討」『協同組合研究誌にじ』663号

武田俊裕（2019）「協同組合共済をめぐる環境変化と対応」『生活協同組合研究』526号、pp.39-46.

武田俊裕（2021）「2030年への『分岐点』に立つ協同組合共済」（JA共済総合研究所『創立30周年記念論文集』に所収）

中林真理子（2019）「生協共済をめぐるステイクホルダー――過去10年の変化を踏まえた検討―」『明大商學論叢』101巻2号、pp.125-136.

根本篤史（2020）「インシュアテックと保険規制のあり方」『保険学雑誌』648号、pp.35-51.

ノリーナ・ハーツ著、藤原朝子訳（2021）『なぜ私たちは「孤独」なのか』ダイヤモンド社

羽入佐和子（2014）『思考のレシピ』ディスカバー・トウェンティワン

ハリントン＝ニーハウス著、米山高生＝箸方幹逸監訳（2005）『保険とリスクマネジメント』東洋経済新報社（原書：Harrington, Scott E. and Gregory R. Niehaus, *Risk Management and Insurance, Second edition*, McGrawhill, 2000）

ハンズマン著、米山高生訳（2019）『企業所有論：組織の所有アプローチ』慶應義塾大が宇出版会（原書：Hansmann, Henry, *The Ownership of Enterprise*, Harvard UP,1996）

Pearson, Robin, and Takau Yoneyama（2015）, *Corporate Forms and Organizational Choice in International Insurance*, Oxford U.P.

本位田祥夫（1960）「協同組合の共済事業」『共済と保険』

宮正一洋（2017）「日本と英国の地域共済に関する比較考察」『保険学雑誌』636号、pp.167-187.

宮地朋果（2012）「巨大災害時における協同組合・共済の役割」『生活協同組合研究』436号、pp.12-18.

安田生命100年史編纂委員会編（1980）『安田生命百年史』

吉澤卓哉（2019）「P2P保険の「保険」該当性」『保険学雑誌』644号、pp.77-106.

吉野直行監修、上村協子＝藤野次雄＝重川純子編（2019）『生活者の金融リテラシー：ライフプランとマネーマネジメント』朝倉出版

米山高生（2012）『リスクと保険の基礎理論』同文舘出版

米山高生（2021）「経済価値ベースの保険経営と共済‐有識者会議報告書から考える」『共済と保険』

米山高生＝山本信一＝山本進（2010）「国司保険監督および国際会計基準等の細菌の動向に関する研究」全労済協会

山下友信（2008）「生協法改正と共済のあり方」『生活協同組合研究』386 号、pp.24-43.

山下友信＝米山高生共編（2010）『保険法解説：生命保険・傷害疾病定額保険』有斐閣

若松仁嗣（2012）「東日本大震災にかかるＪＡ共済の取組―協同組合・共済事業の社会的役割について―」『保険学雑誌』619 号、pp.83-97.

和田武広（2019）『共済事業の源流をたずねて 賀川豊彦と協同組合保険』緑蔭書房

巻末資料

巻末資料 1：協同組合原則

　共済の存在形態は多様であるが、日本では協同組合による生活者へのリスクマネジメント手段の提供という意味では共通している。昨今の共済監督の動向により、事業の健全性確保のため、協同組合本体から共済事業が分離されることになったが、共済事業が採用する企業形態は協同組合である。日本の共済事業の特徴は、主要な共済事業が連合会という形式で行われていることであり、共済協同組合の会員は、共済契約者ではなく、会員生協などの単協である。ともあれ、共済事業においても協同組合としてのアイデンティティを常に意識し、みずからの意識向上を図っていくべき原点としていることはたしかだ。協同組合に関する国際的な原則については、これまでに時代に即して改定が行われてきたが、もっとも新しい「協同組合原則」である1995年「協同組合のアイデンティティに関するICA声明」を原文とともに資料として掲載する。この声明は、同年イギリスのマンチェスターで開催された国際協同組合同盟（ICA）100周年記念大会・全体総会において採択されたものである。和訳は、日本共済協会の『ファクトブック2021』による。

●協同組合のアイデンティティに関するICA声明

〈定義〉
　協同組合は、共同で所有し民主的に管理する事業体を通じ、共通の経済的・社会的・文化的ニーズと願いを満たすために自発的に手を結んだ人々の自治的な組織である。

〈価値〉
　協同組合は、自助、自己責任、民主主義、平等、公正、そして連帯の価値を基礎とする。それぞれの創設者の伝統を受け継ぎ、協同組合の組合員は、

正直、公開、社会的責任、そして他人への配慮という倫理的価値を信条とする。

〈原則〉
　協同組合原則は、協同組合がその価値を実践に移すための指針である。

（第1原則）自発的で開かれた組合員制
　協同組合は、自発的な組織である。協同組合は、性別による、あるいは社会的・人種的・政治的・宗教的な差別を行わない。協同組合は、そのサービスを利用することができ、組合員としての責任を受け入れる意志のある全ての人々に対して開かれている。

（第2原則）組合員による民主的管理
　協同組合は、その組合員により管理される民主的な組織である。組合員はその政策決定、意思決定に積極的に参加する。選出された代表として活動する男女は、組合員に責任を負う。単位協同組合では、組合員は（一人1票という）平等の議決権をもっている。他の段階の協同組合も、民主的方法によって組織される。

（第3原則）組合員の経済的参加
　組合員は、協同組合の資本に公平に拠出し、それを民主的に管理する。その資本の少なくとも一部は通常協同組合の共同の財産とする。組合員は、組合員として払い込んだ出資金に対して、配当がある場合でも通常制限された率で受け取る。組合員は、剰余金を次の目的の何れか、または全てのために配分する。
・準備金を積み立てることにより、協同組合の発展のため、その準備金の少なくとも一部は分割不可能なものとする
・協同組合の利用高に応じた組合員への還元のため
・組合員の承認により他の活動を支援するため

（第 4 原則）自治と自立

協同組合は、組合員が管理する自治的な自助組織である。協同組合は、政府を含む他の組織と取り決めを行ったり、外部から資本を調達する際には、組合員による民主的管理を保証し、協同組合の自主性を保持する条件において行う。

（第 5 原則）教育、訓練および広報

協同組合は、組合員、選出された代表、マネジャー、職員がその発展に効果的に貢献できるように、教育訓練を実施する。協同組合は、一般の人々、特に若い人々やオピニオンリーダーに、協同組合運動の特質と利点について知らせる。

（第 6 原則）協同組合間協同

協同組合は、ローカル、ナショナル、リージョナル、インターナショナルな組織を通じて協同することにより、組合員に最も効果的にサービスを提供し、協同組合運動を強化する。

（第 7 原則）コミュニティへの関与

協同組合は、組合員によって承認された政策を通じてコミュニティの持続可能な発展のために活動する。

（1995 年 9 月 23 日　ICA 大会・全体総会で決定）

*   *

THE INTERNATIONAL CO-OPERATIVE ALLIANCE: STATEMENT ON THE CO-OPERATIVE IDENTITY DEFINITION

A co-operative is an autonomous association of persons united voluntarily to meet their common economic, social, and cultural needs and aspirations through a jointly-owned and democratically-controlled enterprise.

VALUES

Co-operatives are based on the values of self-help, self-responsibility, democracy, equality, equity, and solidarity. In the tradition of their founders, co-operative members believe in the ethical values of honesty, openness, social responsibility, and caring for others.

PRINCIPLES

The co-operative principles are guidelines by which co-operatives put their values into practice.

1st PRINCIPLE: VOLUNTARY AND OPEN MEMBERSHIP

Co-operatives are voluntary organisations, open to all persons able to use their services and willing to accept the responsibilities of membership, without gender, social, racial, political, or religious discrimination.

2nd PRINCIPLE: DEMOCRATIC MEMBER CONTROL

Co-operatives are democratic organisations controlled by their members, who actively participate in setting their policies and making decisions. Men and women serving as elected representatives are accountable to the membership. In primary co-operatives members have equal voting rights (one member, one vote) and co-operatives at other levels are organised in a democratic manner.

3rd PRINCIPLE: MEMBER ECONOMIC PARTICIPATION

Members contribute equitably to, and democratically control, the capital of their co-operative. At least part of that capital is usually the common property of the co-operative. They usually receive limited compensation, if any, on capital subscribed as a condition of membership. Members allocate surpluses for any or all of the following purposes: developing the co-operative, possibly by setting up reserves, part of which at least would be indivisible; benefiting members in proportion to their transactions with the co-operative; and supporting other activities approved by the membership.

4th PRINCIPLE: AUTONOMY AND INDEPENDENCE

Co-operatives are autonomous, self-help organisations controlled by their members. If they enter into agreements with other organisations, including governments, or raise capital from external sources, they do so on terms that ensure democratic control by their members and maintain their co-operative autonomy.

5th PRINCIPLE: EDUCATION, TRAINING AND INFORMATION

Co-operatives provide education and training for their members, elected representatives, managers, and employees so they can contribute effectively to the development of their co-operatives. They inform the general public -- particularly young people and opinion leaders -- about the nature and benefits of co-operation.

6th PRINCIPLE: CO-OPERATION AMONG CO-OPERATIVES

Co-operatives serve their members most effectively and strengthen the co-operative movement by working together through local, national, regional, and international structures.

7th PRINCIPLE: CONCERN FOR COMMUNITY

While focusing on member needs, co-operatives work for the sustainable development of their communities through policies accepted by their members.

Adopted in Manchester (UK) 23 September 1995

巻末資料 2：『ファクトブック 2021』（抜粋）

　以下の資料は、日本共済協会発行の『ファクトブック2021』から、本書との関連で必要と思われる箇所を米山が任意に抜粋したものです。資料転載にあたって日本共済協会に感謝申し上げます。（該当頁は省略）

Ⅰ．協同組合の法的根拠と目的

　協同組合は、生活の改善を願う人々が自主的に集まり、共通の目的を達成するために組織される営利を目的としないたすけあい・相互扶助の組織であり、職業、職場、地域などを範囲として、法律に基づいて設立されています。協同組合に加入したい人は、それぞれの団体の条件に応じて出資金を支払い、組合員になることができます。組合員は事業を利用できるとともに、運営にも自分の意見を反映させることができます。人と人との協同を原点に、組合員のくらしを守り豊かにすることを目的に活動する組織が協同組合です。協同組合について定める代表的な法律として、事業の種類に従い、以下の4つの協同組合法がありますが、いずれの法律にも、制定趣旨と組合の目的が次のように定められています。

農業協同組合法
第1条　この法律は、農業者の協同組織の発達を促進することにより、農業生産力の増進及び農業者の経済的社会的地位の向上を図り、もって国民経済の発展に寄与することを目的とする。
第7条　組合は、その行う事業によってその組合員及び会員のために最大の奉仕をすることを目的とする。

水産業協同組合法
第1条　この法律は、漁民及び水産加工業者の協同組織の発達を促進し、

もってその経済的社会的地位の向上と水産業の生産力の増進とを図り、国民経済の発展を期することを目的とする。

第4条　組合は、その行う事業によってその組合員又は会員のために直接の奉仕をすることを目的とする。

消費生活協同組合法

第1条　この法律は、国民の自発的な生活協同組織の発達を図り、もって国民生活の安定と生活文化の向上を期することを目的とする。

第9条　組合は、その行う事業によって、その組合員及び会員〔略〕に最大の奉仕をすることを目的とし、営利を目的としてその事業を行ってはならない。

中小企業等協同組合法

第1条　この法律は、中小規模の商業、工業、鉱業、運送業、サービス業その他の事業を行う者、勤労者その他の者が相互扶助の精神に基き協同して事業を行うために必要な組織について定め、これらの者の公正な経済活動の機会を確保し、もってその自主的な経済活動を促進し、且つ、その経済的地位の向上を図ることを目的とする。

第5条1項1号　組合員又は会員〔略〕の相互扶助を目的とすること。

　2項　組合は、その行う事業によってその組合員に直接の奉仕をすることを目的とし、特定の組合員の利益のみを目的としてその事業を行ってはならない。

Ⅱ．共済に関する事項

1．共済とは

　共済は、営利を目的としないたすけあい・相互扶助の組織である協同組合が組合員のために提供する保障のしくみです。生活を脅かす様々な危険に備えて、あらかじめお金を出し合って協同の財産を準備し、不測の事故が生じ

た場合にお金を支払うことによって、加入者やその家族に生じる経済的な損失を補い、生活の安定をはかることを目的としています。組合員やその家族が病気にかかったとき、事故の損害を受けたとき、賠償責任を負ったときなど様々なリスクへの備えとして、おもに以下の種類の共済が組合員に提供されています。

2．共済商品

2.1　共済の保障対象と共済の種類

ひ　と

生命共済：人の生命・身体に関する様々なリスク（死亡、後遺障害、病気、けが、介護など）を保障する共済です。生活資金や子どもの教育資金を準備できる共済もあります。

傷害共済：様々な事故による死亡やけがなどの保障をおこなう共済です。

年金共済：老後の生活安定のために資金を積み立て、一定の年齢から年金方式で共済金を受け取れる共済です。

い　え

火災共済：建物や家財等が、火災や落雷、破裂・爆発などにより損害を受けた場合の保障をおこなう共済です。地震や風水雪害などの自然災害により損害を受けた場合の保障をおこなう共済もあります。

くるま

自動車共済：自動車事故による相手方への賠償、加入者ご自身やご家族の搭乗中の傷害、ご自身の車の損害などの保障をおこなう共済です。「自動車損害賠償保障法」に基づき、すべての自動車（原動機付自転車を含む）に加入が義務付けられている自動車損害賠償責任（自賠責）共済もあります。

2.2　日本共済協会会員が取り扱う共済商品の種類

共済実施組合	会員団体	火災	生命	傷害	自動車	年金	その他
農業協同組合	JA共済連	○	○	○	○	○	○
漁業協同組合	JF共水連	○	○			○	
生活協同組合	こくみん共済coop	○	○	○	○	○	○
	コープ共済連	○※1	○		○※1		
	大学生協共済連	○※2	○				
	全国生協連	○	○	○			
	生協全共連	○	○※3	○※3			
	防衛省生協	○	○				
	神奈川県民共済		○	○			○
事業協同組合	日火連	○		○	○		○
	交協連				○		○
	全自共				○		
	中済連		○				○
	開業医共済						○
農業共済組合	NOSAI協会	○					○

※1：こくみん共済coopの共済事業規約にもとづく共済です。
※2：2019年4月より募集停止。
※3：一部の会員組合で実施しています。
※4：その他の共済種類については、JA共済連の「財産形成貯蓄共済」「賠償責任共済」「ボランティア活動共済」、こくみん共済coopの「慶弔共済」「個人賠償責任共済」、神奈川県民共済の「賠償共済」、日火連の「休業対応応援共済」「労働災害補償共済」「所得補償共済」「休業補償共済」「中小企業者総合賠償責任共済」、交協連の「労働災害補償共済」、中済連の「労災費用共済」、開業医共済の「開業医共済休業保障制度」、NOSAI協会の「農作物共済」「家畜共済」「果樹共済」「畑作物共済」「園芸施設共済」「農機具共済」「保管中農産物補償共済」などです。

3．共済の特徴

　人々の暮らしの安心のために備えるという役割、事業の健全性確保に関する仕組みなどは保険と同等ですが、相互扶助の保障制度として、「自分たちのリスクを皆で分担し合う」というたすけあいの価値を重視しています。仕

組みの面では、利用者を同じ職業や企業内に限ることでリスクを低減したり、幅広い年齢層や幅広い地域をひとくくりにすることで掛金の差を小さくしたりするなど、様々な工夫をしています。なお、個人的な条件によってリスクの差が大きいと考えられる共済では、年齢、性別、自動車事故の無事故期間などを反映する仕組みを取り入れることもあります。また、組合員のための事業という性格上、組合員（准組合員や法で認められる範囲の員外利用も含む）にならないと共済を利用できません。

4．適用される法律

　共済では、保険と同じ法律が適用される場面と異なる法律が適用される場面があります。協同組合が組合員と締結する共済契約には、保険契約と同様、「保険法」という法律が適用されます。この法律には、契約時の告知、共済証書・保険証券の交付、共済（保険）金を支払わない場合、共済（保険）金の支払期限、契約の解除など、組合・保険会社と加入者との間の権利義務に関するルールが定められています。協同組合が共済事業を実施できる根拠・条件、組合の組織・運営、行政庁による監督に関する基本的なルールは各種協同組合法に定められています。一方、保険会社の場合、これに相当するルールとして、「保険業法」と「会社法」という法律が適用されます。

5．共済事業の根拠法と監督官庁等

　現在、日本には、共済事業を実施する多くの協同組合が存在し、おもな協同組合は以下のとおりです。協同組合の種類ごとに、農業協同組合法、水産業協同組合法、消費生活協同組合法、中小企業等協同組合法のうち、いずれかの法律に基づき、共済事業を実施しています。

●根拠法・根拠法の所管庁・協同組合名（**太字**は、日本共済協会の会員）
農業協同組合法：農林水産省：農業協同組合（※1）、**JA共済連**
水産業協同組合法：農林水産省：漁業協同組合（※1）、**JF共水連**
消費生活協同組合法：厚生労働省：**こくみん共済coop＜全労済＞、日本再**

共済連、コープ共済連、大学生協共済連、全国生協連、生協全共連、防衛省生協、神奈川県民共済（※1）、全国電力生協連、全国交運共済生協、JP共済生協、電通共済生協、森林労連共済、全たばこ生協、全水道共済、自治労共済、教職員共済、全特生協組合、全国酒販生協

全国たばこ販売生協、全国町村職員生協、都市生協、警察職員生協、全日本消防人共済会

中小企業等協同組合法：経済産業省：火災共済協同組合（※1）、日火連、トラック交通共済協同組合（※1または※2）、交協連（※2）、自動車共済協同組合、全自共、福祉共済協同組合（※1）、中済連（※1）、開業医共済（※1）、全米販（※3）、日本食品衛生共済協同組合（※3）、

※1の監督は都道府県。※2は国土交通省、※3は農林水産省の監督。それ以外は根拠法の所管庁の監督

6. 共済事業の概況

	2019年度	2020年度	前年度比
組 合 員 数（万 人）	7,731	7,773	100.5%
契 約 件 数（万 件）	13,543	13,022	96.2%
共済金額〈契約額〉（億円）	8,450,606	8,085,844	95.7%
受 入 共 済 掛 金（億 円）	65,093	68,181	104.7%
支 払 共 済 金（億 円）	51,255	48,147	93.9%
総 資 産（億 円）	657,518	668,655	101.7%

※1：契約件数、共済金額、受入共済掛金は保有契約実績です。
※2：共済金額〈契約額〉には、自動車共済・自賠責共済等の実績は含まれません。

Ⅲ. 共済に関する基本用語

　共済に関する基本用語です。『ファクトブック２０２１』をベースに、米山が補足しています。

■共済掛金（きょうさいかけきん）＝保険料
共済契約の保障に対して、共済契約者が払い込むお金のことをいいます。

■共済期間（きょうさいきかん）＝保険期間
共済者（共済団体）が共済契約者に約束する保障の期間をいいます。

■共済金（きょうさいきん）＝保険金
共済事故が発生したときに、共済者（共済団体）が共済金受取人に支払うお金のことをいいます。

■共済金受取人（きょうさいきんうけとりにん）＝保険金受取人
共済金を受け取る人のことをいいます。

■共済金額（きょうさいきんがく）＝保険金額
共済契約上、共済事故が発生した場合に保障する共済証書に記載された金額のことをいいます。

■共済契約者（きょうさいけいやくしゃ）＝保険契約者
共済契約を締結し、共済契約上の権利（例えば、契約内容変更の請求権など）を有し、義務（例えば、共済掛金支払義務など）を負う人をいいます。

■共済事故（きょうさいじこ）＝保険事故
共済金や給付金が支払われる出来事として共済約款に定められているもので、被共済者の死亡、後遺障害、建物の火災などがその例です。

■共済証書（きょうさいしょうしょ）＝保険証券（簡易生命保険の場合は保険証書）
共済金額、共済期間、共済掛金などの契約内容を具体的に記載したものです。

■共済約款（きょうさいやっかん）＝保険約款
共済契約について、「共済金の支払いや契約変更、消滅」の取決めなどを記載したものです。

■失　効（しっこう）＝失効
共済掛金の払込猶予期間を過ぎても共済掛金の払込みがない場合に、共済契約の効力が失われることをいいます。

■主契約（しゅけいやく）＝主契約
共済契約の基本部分で、これだけで共済契約として成立する部分をいいます。

■推　進（すいしん）＝募集
共済契約を販売する活動のこと。

■責任開始日（せきにんかいしび）＝責任開始日
共済者（共済団体）が共済契約にもとづき保障を開始する日をいいます。

■特　約（とくやく）＝特約または特別約款
主契約の保障内容を充実させるため、主契約に付帯し保障内容を充実させるものをいいます。単独で契約することはできません。

■払込猶予期間（はらいこみゆうよきかん）＝払込猶予期間
第2回目以降の共済掛金の払い込みについて、猶予される期間のことをいいます。

■被共済者（ひきょうさいしゃ）＝被保険者
生命共済契約においては、その人の生死などが保障の対象とされる人をいいます。損害共済契約においては、事故によって負った損害等に関して共済金が支払われる対象となる人をいいます。

■返れい金（へんれいきん）＝返れい金
共済契約が解約された場合などに、共済契約者に払い戻されるお金のことをいいます。

■満　期（まんき）＝満期
共済契約の保障期間が満了する時のことをいいます。

■免　責（めんせき）＝免責
共済事故が発生していても、一定の事由により、共済者（共済団体）が共済金の支払いを免れることをいいます。

■申し込みの撤回（もうしこみのてっかい）＝クーリングオフ制度
共済契約に納得がいかない場合、契約申込日から一定の期間内ならば、書面による通知により共済契約の申し込みを無条件で撤回することができる制度です。

■割戻金（わりもどしきん）＝契約者配当金
毎年の決算において剰余が生じた場合に、共済契約者に分配して支払われる（還元される）お金をいいます。

事項索引

た　行

な　行

生活に活かす共済と保険

共通する機能と異なる制度を理解する

著　　者	米　山　高　生
発　行　日	2022 年 8 月 25 日

発　行　所	株式会社保険毎日新聞社
	〒110-0016　東京都台東区台東4-14-8
	シモジンパークビル2F
	TEL 03-5816-2861／FAX 03-5816-2863
	URL https://www.homai.co.jp/
発　行　人	森　川　正　晴
カバーデザイン	塚　原　善　亮
印刷・製本	モリモト印刷株式会社